CW01486601

REALIEN ZUR LITERATUR
ABT. D
LITERATURGESCHICHTE

PETER WAPNEWSKI

Hartmann von Aue

6., ergänzte Auflage

MCMLXXVI

J.B. METZLERSCHE VERLAGSBUCHHANDLUNG

STUTTGART

1. Auflage (1.–5. Tsd) April 1962
2. Auflage (6.–10. Tsd) April 1964
3. Auflage (11.–15. Tsd) Mai 1967
4. Auflage (16.–20. Tsd) Mai 1969
5. Auflage (21.–25. Tsd) Oktober 1972
6. Auflage (26.–30.Tsd) April 1976

LUDWIG TRAUTMANN

in Dankbarkeit zugeeignet

ISBN 3 476 16017 3

M 17

© J. B. Metzlersche Verlagsbuchhandlung und Carl Ernst Poeschel Verlag GmbH
in Stuttgart 1962/1976. Satz und Druck: H. Laupp jr Tübingen
Printed in Germany

Vorwort zur sechsten Auflage

Die 6. Auflage versucht wie ihre Vorgängerinnen, Erkenntnisse, Funde und Titel aufzunehmen und zu verarbeiten, die in den letzten Jahren das Hartmann-Bild in einzelnen Zügen ergänzt oder korrigiert haben. Dabei ging es darum, diese Details zu integrieren, ohne doch grundsätzlich das Konzept und die Darstellungsweise des Bandes zu verändern.

Für mannigfache bibliographische Hinweise und seine Hilfe bei der Herstellung der Neuauflage bin ich Herrn Willi Freitag dankbar verpflichtet.

Karlsruhe, im Februar 1976   P. W.

Inhalt

Abkürzungen

ABäg	Amsterdamer Beiträge zur älteren Germanistik
ADB	Allgemeine Deutsche Biographie
AfdA	Anzeiger für deutsches Altertum
AUMLA	Journal of the Australasian Universities Language and Literature Association
Beitr.	Beiträge zur Geschichte der deutschen Sprache und Literatur; nach 1955 Parallelausgaben in: (Halle) und (Tübingen)
DLZ	Deutsche Literaturzeitung
DU	Der Deutschunterricht
DVjs.	Deutsche Vierteljahrsschrift für Literaturwissenschaft und Geistesgeschichte
Euph.	Euphorion. Zeitschrift für Literaturgeschichte
GRM	Germanisch-Romanische Monatsschrift
MF	Des Minnesangs Frühling, neubearb. v. Carl von Kraus, 32. Aufl., unveränd. Nachdruck 1959.
MFU	Carl von Kraus: Des Minnesangs Frühling. Untersuchungen. 1939.
MLR	The Modern Language Review
v.	Vers
Verf.Lex.	Die deutsche Literatur des Mittelalters, Verfasserlexikon, 5 Bde, 1933–1955.
WW	Wirkendes Wort
ZfdA	Zeitschrift für deutsches Altertum und deutsche Literatur
ZfdPh.	Zeitschrift für deutsche Philologie

Hartman der Ouwære
ahi, wie der diu mære
beid uzen unde innen
mit worten und mit sinnen
durchverwet und durchzieret!
wie er mit rede figieret
der aventiure meine!
wie luter und wie reine
siniu cristallinen wortelin
beidiu sint und iemer müezen sin!
si koment den man mit siten an,
si tuont sich nahen zuo dem man
und liebent rehtem muote.
swer guote rede ze guote
und ouch ze rehte kan verstan,
der muoz dem Ouwære lan
sin schapel und sin lorzwi

(›Tristan‹, ed. Ranke, v. 4621–4637)

Diese knappe und präziseste Charakterisierung des Dichters Hartmann von Aue stammt von seinem großen Kunst- und Zeitgenossen Gottfried von Straßburg, und sie kennzeichnet in der Tat die hervorragendsten Eigenschaften und Verdienste des Gepriesenen (dessen Lob hier freilich um so strahlender glänzt, weil es sich absetzt gegen die schneidende Verurteilung dunkler Magie, wie sie Gottfried in der Dichtung des ungenannten Antipoden Wolfram verhöhnt und verwirft). Hartmann *durchverwet,* so setzt die Rühmung ein: er ist also ein *colorator,* ein Meister der *ars rhetorica,* der es versteht, mit Hilfe der *colores rhetorici* aus der Alltagsrede Dichtung zu machen, der sie *durchzieret,* dekoriert, mithin sich bewundernswert hervortut in der Beherrschung der Dichtungstechnik, wie sie im Trivium schulmäßig gelehrt wurde. Gottfried setzt hier bewußt Gegensatzpaare. Dem *uzen* und dem *innen* entspricht *worten* und *sinnen,* und so wird das *verwen* wohl auch dem *uzen* und den *worten,* das *zieren* dem *innen* und den *sinnen* gelten. Weiter entspricht dann dem *uzen* die *rede:* sie fixiert, legt fest das *innen,* die *meine,* den *sen* (wie es die französischen Dichter der Zeit nennen): heute würde man von der ʽAussageʾ reden. Als diese Gegensatzpaare überwölbenden Oberbegriff mag man die berühmten *cristallinen wortelin* ansehen, Form, die durchsichtig ist und mithin den gehaltbergenden Inhalt vorweist: eine frühe Formulierung des für die Kunsttheorie der Moderne konstitutiven Leitsatzes, daß die Form innen sei, das Was nicht ablösbar vom Wie, sondern ihm untrennbar verbunden.

Literatur zu Hartmann und dem Ganzen seines Werkes:

Literaturgeschichten:

Gustav Ehrismann, Geschichte der dt. Lit. bis zum Ausgang des Mittelalters. Tl II: Die mittelhochdt. Literatur II: Blütezeit, Erste Hälfte. 1927 (Nachdruck 1954), S. 141–212.

Friedrich Vogt, Geschichte der mittelhochdt. Literatur. Tl I: Frühmittelhochdt. Zeit. Blütezeit I: Das höfische Epos bis zu Gottfried von Straßburg. ³1922, S. 217–257.

Hermann Schneider, Heldendichtung, Geistlichendichtung, Ritterdichtung. Neugestalt. u. verm. Ausgabe 1943, S. 280–293.

Julius Schwietering, Die dt. Dichtung des Mittelalters. 1932/41, S. 150–160; unveränderter Neudruck 1957.

Helmut de Boor, Geschichte der deutschen Literatur, 2. Bd.: Die höfische Literatur. Vorbereitung, Blüte, Ausklang. 1170–1250. ⁸1969, S. 67–84, 270–273.

Karl Bertau, Deutsche Literatur im europäischen Mittelalter. Bd I. 800–1197, 1972, S. 740ff. – Dazu Helmut de Boor, Eine kritische Würdigung. In: Beitr. (Tüb.) 96, 1974, S. 303–335 Kritischer im gleichen Band der Beiträge S. 383–395 Werner Schröder.

Darstellungen:

Oskar Jänicke, Hartmann von Aue. In: ADB Bd 1, 1875, S. 634 bis 636.

Felix Piquet, Etudes sur Hartmann d'Aue. Paris 1898.

Anton Erich Schönbach, Hartmann von Aue. Drei Bücher Untersuchungen. 1894.

Hendricus Sparnaay, Hartmann von Aue. Studien zu einer Biographie. 2 Bde. 1933, 1938. Unveränderter Neudruck (mit einem Vorwort von Christoph Cormeau) 1975. Eine Reihe verstreuter, zum großen Teil Hartmann von Aue gewidmeter Aufsätze Sparnaays liegt gesammelt vor in der Festschrift: Prof. Dr. H. Sparnaay, Zur Sprache und Literatur des Mittelalters. Groningen 1961; dazu: Friedrich Neumann in AfdA 73, 1960/61, S. 63–80.

Bertha Schwarz, Hartmann von Aue. In: Verf.Lex. II, 1936, Sp. 202–216 (unbrauchbar).

Friedrich Maurer, Leid. Studien zur Bedeutungs- und Problemgeschichte, besonders in den großen Epen der staufischen Zeit. 1951, S. 39–69.

Hugo Kuhn, Hartmann von Aue als Dichter. In: H.K., Text und Theorie. 1969, S. 167–181 (zuerst in DU 5, 1953, S. 11–27).

Friedrich Neumann, Hartmann von Aue (Nachtrag). In: Verf.Lex. V, 1955, Sp. 322–331.

Hans Eggers, Symmetrie und Proportion epischen Erzählens. Studien zur Kunstform Hartmanns von Aue. 1956.

Friedrich Maurer, Hartmann von Aue. In: Die großen Deutschen. ²1957, Bd 2, S. 48–56.

Walther Ohly, Die heilsgeschichtliche Struktur der Epen Hartmanns von Aue, Diss. Berlin 1958. (Masch.)

Ludwig Wolff, Hartmann von Aue. In: WW Jg. 9, 1959, S. 12–24.

Kurt Ruh, Höfische Epik des deutschen Mittelalters. I: Von den Anfängen bis zu Hartmann von Aue. 1967, S. 102–160.

Barbara Uhle, Das Todesproblem im dichterischen Werk Hartmanns von Aue, Diss. 1967.

Manfred Koliwer, Untersuchungen zu den epischen Werken Hartmanns von Aue, Diss. Rostock 1968 (interessant wegen konsequenter Anwendung marxistischer Kategorien).

Judith Kusinitz Liebmann, The narrative function of direct discourse in the epics of Hartmann von Aue, Diss. Yale Univ. 1969 (gründliche, nützliche und aufschlußreiche Arbeit).

Margaret Fitzgerald Richey, ›Die edelen armen‹. A study of Hartmann von Aue. In: M.F.R., Essays on mediaval German poetry, ²1969, S. 165–175.

Eva-Maria Carne, Die Frauengestalten bei Hartmann von Aue. Ihre Bedeutung im Aufbau und Gehalt der Epen. 1970.

Rolf Endres, Die Bedeutung von ›güete‹ und die Diesseitigkeit der Artusromane Hartmanns. In: DVjs. 44, 1970, S. 595–612.

Hans-Werner Eroms, ›Vreude‹ bei Hartmann von Aue. 1970.

3

Fritz Peter Knapp, Hartmann von Aue und die Tradition der platonischen Anthropologie im Mittelalter. In: DVjs. 46, 1972, S. 213–247.

Clarence Elliot Butler, Hartmann von Aue als Übersetzer und Pädagoge. Eine Untersuchung zur Erhellung pädagogischer Absichten in den höfischen Epen. Diss. Wash. Univ. 1973.

Gert Kaiser, Textauslegung und gesellschaftliche Selbstdeutung. Aspekte einer sozialgeschichtlichen Interpretation von Hartmanns Artusepen. 1973. (wichtig für das Verhältnis Ministerialität – Artusepik [bes. ›Erek‹]). – Rez.: Walter Dietze, DLZ 95, 1974, S. 784–786. Von Bedeutung die historisch orientierte Stellungnahme durch Ursula Peters in Euph. 69, 1975, Artusroman und Fürstenhof (zu Kaiser: S. 177–189).

Hartmann von Aue. Hugo Kuhn u. Christoph Cormeau (Hgg.) 1973. (= Wege der Forschung 359) (nach nicht durchwegs deutlichem Auswahlprinzip gesammelte Aufsätze zu verschiedenen Themenkreisen und zu einzelnen Werken Hartmanns; enthält u. a. Arbeiten von: Sparnaay, Ruh, Cramer und drei Artikel des Mitherausgebers Kuhn).

I. Der Dichter:
Name, Stand, Herkunft, Bildung

Keine Urkunde nennt die großen Epiker des Mittelalters: nicht Wolfram von Eschenbach, nicht Gottfried von Straßburg, nicht Chrestien de Troyes; und auch nicht Hartmann. Das ist kein Zufall, sondern Ausdruck der wesentlichen Tatsache, daß Kunst zu jener Zeit kein Eigenbereich mit autoritärem Anspruch war, sondern funktionales Element einer Gesellschaft, die Urkunden mit ihren *res gestæ* füllte und nicht mit der Rühmung von Künstlern. Um ein Bild zu erhalten von dem Schöpfer dieser Dichtung sind wir angewiesen auf offene oder verhüllte Selbstaussagen in seinen Versen, auf die Bekundungen durch Kunstgenossen in deren Versen. Hartmann, der naivste und korrekteste unter den drei Großen, macht diesen Weg zu seiner Person leichter als die anderen – ohne uns dennoch Gewißheit zu schenken. Er ist in der Beherrschung der Gattungen zugleich der Vielseitigste unter ihnen: sein Werk umfaßt sowohl Lieder als epische Großdichtung (die Artusromane ›Erek‹ und ›Iwein‹) als didaktische (›Klage‹) und erbaulich-novellistische Kleindichtung (›Gregorius‹, ›Der arme Heinrich‹). In all seinen epischen Werken nun nennt er seinen Namen, darüber hinaus charakterisiert er seine Person am deutlichsten im Eingang des ›Armen Heinrich‹:

> *Ein ritter sô gelêret was*
> *daʒ er an den buochen las*
> *swaʒ er daran geschriben vant:*
> *der was Hartman genant,*
> *dienstman was er ʒOuwe*
>   (v. 1–5, ed. Paul-Wolff [10])

Vierfach die Information durch diese Verse: Wir erfahren den (nicht ungewöhnlichen) N a m e n: Hartmann. Wir erfahren S t a n d und S t e l l u n g: Er war Ritter, gehörte also einer privilegierten Schicht von Soldaten an, in die man nur berufen wurde, wenn man bestimmte Voraussetzungen nachweisen und erfüllen konnte; und er war *dienstman,* Ministeriale, Angehöriger also jener Gruppe von Angestellten des alten Adels, die – ursprünglich unfrei – sich seit dem 12. Jh. dem Adel nähert und allmählich dessen unterste Schicht bildet. Wir erfahren des Dichters B i l d u n g s g r a d: Er verweist nicht ohne Selbstbewußtsein auf seine Gelehrsamkeit, die sich darin ausdrückt, daß er die Kunst des Lesens beherrscht. Schließlich enthält diese Prologangabe in dem *cognomen* auch eine g e o - g r a p h i s c h e H e r k u n f t s b e z e i c h n u n g: „zu Aue" war er angestellt. Mit diesen Hinweisen wissen wir mehr, als etwa Walther von der Vogelweide, Wolfram oder Gottfried über sich aussagen, und dennoch nicht genug, um dieses Dichters als einer historisch greifbaren Persönlichkeit habhaft zu werden. Name zwar, Stand und Bildung geben wenig Anlaß zu Grübeleien – wohl aber die Herkunft, die – wäre sie gesichert – uns den Dichter vielleicht als urkundlich bezeugten Ministerialen schenken, die uns jedenfalls über seine Lebensverhältnisse Genaueres sagen könnte.

Ausgangspunkt für jeden Versuch einer historischen Fixierung von Hartmanns Person muß das erwähnte *Aue* sein. Außer der zitierten Stelle im ›Armen Heinrich‹ nennt er es in der ›Klage‹ v. 29 und im ›Gregorius‹ v. 173; und im ›Iwein‹ v. 29 bezeichnet er sich als einen *Ouwære.*

Dieses *Aue* wäre zu suchen. Gemäß seiner Allerweltsbedeutung („Land am [mit] Wasser") ist die Zahl der durch diesen Namen (mit)bezeichneten Orte groß, und es ist ein homerisches Werben der *Auen* um Hartmann wie der Vogelweidhöfe um Walther. Man versucht, die Zahl der Bewerber einzuschränken, indem man die Landschaft näher bestimmt, aus der allein Hartmann kommen kann. Dabei bemüht man vor allem die folgenden Zeugnisse:

1. Der Held der Erzählung vom ›Armen Heinrich‹, Herr Heinrich, *was von Ouwe geborn* (v. 49), trägt seinen Beinamen also nach seinem Herrschaftssitz – und dieses Aue liegt eindeutig *ze Swâben* (v. 31). Fände sich jedoch dieses freiadlige Geschlecht der Auer im schwäbischen Bereich, so ist damit noch nicht viel über Hartmann gesagt. Denn daß jene im

6

›Armen Heinrich‹ verklärten Auer seine Dienstherren gewesen seien, wird mit Grund angezweifelt (s. u. S. 10).

2. Im ›Gregorius‹ heißt es v. 1573/74: *Ich enwart nie mit gedanke / ein Beier noch ein Vranke:* da bliebe von den drei Stammesherzogtümern nurmehr Schwaben. Doch fehlt diesem Beleg das Gewicht, denn nicht Hartmann, sondern Gregorius spricht diese Worte, und es wäre voreilig, sie für ein Bekenntnis des Dichters zu halten.

3. Heinrich von dem Türlin, Verfasser der ›Krone‹ (eines stoffreichen nachklassischen Artusromans, um 1220/30), vermerkt v. 2353: Es habe Hartmann den ›Erek‹ *von der Swâbe lande* gebracht. Auch diese Angabe hat durchaus keinen Beweiswert für unsere Frage.

4. Im ›Armen Heinrich‹ spielt der Dichter v. 1419 ff. auf die Freigebigkeit der Schwaben an, die ihren Herrn einholen. Abgesehen davon, daß der Sinn der Aussage schwankt, je nachdem wie man interpungiert (Komma bzw. Punkt nach v. 1425 und v. 1427), und entsprechend als Lob oder Spott aufgefaßt werden kann, sagt sie nichts über Hartmanns Herkunft aus.

5. Entscheidendes Gewicht allein hat der sprachliche Befund. Hartmanns Sprache verdient deshalb genaueste Beachtung durch die Literaturwissenschaft, weil er – als der erste der deutschen hochhöfischen Epiker – in starkem Maße modellgebend war. Dank ihm hat die Literatursprache der mittelhochdeutschen Dichter einen alemannischen Einschlag, und nicht zuletzt die Ausstrahlung seines Werkes war es, die den deutschen Südwesten zum Zentrum der hochhöfischen Poesie machte. Hier ist das Entscheidende durch KONRAD ZWIERZINA (Graz, gest. 1941) geleistet worden. Seine Untersuchungen zeigen, daß Hartmann dem alemannischen Sprachraum angehört, der als sprachwissenschaftliche Bezeichnung etwa den Bereich des *Ducatus Sueviae* einnimmt, des alten Herzogtums Schwaben (das mit den Staufern zugrunde ging und sich nach 1268 in Einzelterritorien aufspaltete): Württemberg, der deutschsprachige Teil der Schweiz, Elsaß und Südbaden und der schwäbische Teil Bayerns, wenn wir das Gebiet grob von den heutigen Verhältnissen her nachzeichnen. Innerhalb dieses Raumes unterscheidet sich sprachlich das Alemannische (als Hoch- und Niederalemannisch) z. B. vom Schwäbischen.

7

In den Grenzen des Alemannischen also ist Hartmann zu suchen. Die Frage jedoch, in welcher seiner Landschaften, ist von der Forschung häufig beantwortet worden mit Hilfe einer Vorentscheidung für ein bestimmtes *Aue*. Es scheint indes, als erlaube Hartmanns sorgfältig stilisierender Sprachgebrauch keine genauere Zuweisung. Somit haben prinzipiell alle im Bereich des Alemannischen angesiedelten *Aue* ein Recht auf Beachtung. Ihre Zahl ist wiederum groß, zumal nicht nur das Simplex *Aue,* sondern auch alle mit *-aue* komponierten Namen in Frage kommen, sei es daß diese Orte damals lediglich *Aue* hießen, sei es daß sie abkürzend so genannt werden konnten.

Methodisch ist man nun so vorgegangen: Hartmann nennt sich „von Aue" und „Dienstmann zu Aue". Im ›Armen Heinrich‹ wiederum ist der Held *von Ouwe geborn* (v. 49). Daraus hat man geschlossen: Es gab ein freiadliges Geschlecht der Herren von Aue, und ihm diente das Ministerialengeschlecht, dem Hartmann angehörte und das sich entsprechend benannte.

Der nächste Schritt wäre mithin, unter den vielen schwäbischen *Aue* eines zu suchen, in dem zu Hartmanns Zeit ein freies Adelsgeschlecht residierte und sich nach seiner Residenz bezeichnete. Dieser Fund ist bis heute nicht gelungen. Es seien die drei *Aue* erwähnt, die sich die meiste Glaubwürdigkeit haben sichern können:

1. *Obernau* (oder *Niedernau*) bei Rottenburg a. N. Jedoch wurde das dortige freiherrliche Geschlecht *von Ow* erst 1688 in diesen Stand erhoben und diente zuvor nicht einem Geschlecht von Aue, sondern den Grafen von Zollern-Hohenberg.

2. *Aue* bei Freiburg im Breisgau. Jedoch war die dort residierende Familie nicht einem Geschlecht *von Aue* zugeordnet, sondern diente den Herzögen von Zähringen.

3. *Eglisau* (früher nur *Au*) am Rhein, westlich von Schaffhausen. Dieser Ort hat die meiste Zustimmung der Hartmann-Sucher für sich buchen können, obwohl dort weder ein Freiherrn- noch ein Ministerialengeschlecht *von Aue* zu Hartmanns Zeit belegt ist. Vielmehr saßen dort die Herren *von Tengen,* und es gibt vor 1238 keinen Hinweis darauf, daß sie sich auch *von Aue* genannt haben mögen.

Der Grund, aus dem man dennoch Hartmann mit diesem Eglisau verbunden hat, liegt in seinem Wappen. Die beiden

Liederhandschriften B (die sog. Weingartner, heute Stuttgart) und C (die sog. Manessische oder Pariser, heute Heidelberg) malen Hartmann in voller Wehr auf feurigem Roß sprengend, einen gewaltigen Adlerkopf trägt er als Helmzier und als Wappenzeichen drei weiße Adlerköpfe auf dunklem Grund. Dieses Wappen nun, sonst nicht nachgewiesen, wird vom Schildbuch des Klosters Reichenau dem Ministerialengeschlecht der Herren *von Wespersbühl* zugeschrieben, deren Burg im Thurgau steht. Wie bringt man nun die *Wespersbühler* nach Eglisau und erhält ein Geschlecht *von Aue?* Indem man sich zu der Annahme entschließt, daß

a) die Herren *von Wespersbühl* Ministerialen waren der benachbarten und begüterten Freiherrn *von Tengen* (was nirgends belegt ist); daß

b) diese Freiherrn *von Tengen* sich gemäß ihrem Wohnsitz auch *von Aue* genannt haben könnten (was allenfalls für ein Datum nach Hartmanns Lebenszeit, nämlich 1238, wahrscheinlich gemacht werden kann); daß endlich

c) jener mit Hilfe des Wappens erschlossene „Hartmann von Wespersbühl" sich nicht so, sondern nach seinem Herrengeschlecht bezeichnet habe – nicht jedoch nach deren üblichem Namen *von Tengen,* sondern nach dem als möglich unterstellten *Aue.*

Diese These erscheint zu konstruiert, als daß man ihr die Zustimmung gönnte, die sie erfahren hat und erfährt.

Es wird noch ein viertes *Aue* zu erwähnen sein. Zuvor aber muß noch einmal die Frage geprüft werden, inwiefern denn der ›Arme Heinrich‹ den Philologen verpflichtet, nach einer Familie von Dienstherren Hartmanns mit der Herkunftsbezeichnung *von Aue* zu suchen. Diese Frage ist durch den Rechtshistoriker Franz Beyerle erneut aufgeworfen und beantwortet worden. Demnach entspricht die in der Erzählung dargestellte Begebenheit von der Liebe und Heirat eines Edelfreien und eines freibäuerlichen Mädchens „nicht der sozialen Wirklichkeit der Zeit" Hartmanns, vielmehr mußte sie in ihren Anschauungen eine erhebliche Standesminderung des Herrn und mithin eine peinliche Diskreditierung seines adligen Geschlechtes zur Folge haben, das durch diese Mesalliance aus seinem früheren fürstengleichen Adelsstatus herabgedrängt worden wäre. Nach BEYERLE ist zu erwägen, ob Hartmann nicht vielmehr eine Begebenheit aus der Tradition seiner eigenen Familie berichtet haben sollte, deren gegenwärtiger Ministerialen-Status sich somit als ein moralisch überaus achtbarer Abstieg aus ehemals adelsfreien Höhen erklärte.

Treffen BEYERLES soziologische Erwägungen zu, so erübrigt es sich jedenfalls, nach einem Dienstherrengeschlecht *von Aue* zu suchen. Der Spielraum hat sich wiederum vergrößert und auch jene *Aue*-Orte, in denen wir vergeblich nach einem freiadligen Haus dieses Namens zu Hartmanns Zeiten suchen, sind wieder im Wettbewerb.

Von Hartmanns Wappen führt nun ein Weg zu einem, genauer einer vierten *Aue*. Die These stammt bereits von ALOYS SCHULTE, BEYERLE nimmt sie wieder auf. Die *Aue* schlechthin ist in damaligem Sprachgebrauch die Reichenau, *Augia felix*. In der Umgebung von Wespersbühl gibt es damals Liegenschaften des Klosters Reichenau, und so ist die Vermutung gestattet, die *Wespersbühler* seien Dienstleute der Reichenau gewesen, ja sie haben sich gelegentlich auch *Ower* genannt (LUDWIG SCHMID S. 129). Mithin wäre Hartmann, für den ein Dienstherrengeschlecht *von Aue* nicht mehr unbedingt gesucht werden muß, Lehnsmann der Reichenau gewesen? Festere Konturen als eine Frageform wird man auch dieser These nicht geben wollen. Denn es hängt ja die ganze Wespersbühl-Zuweisung allein an dem Wappen, und dieses Wappen darf man nicht überbewerten. Der ritterliche Brauch, sich durch unterscheidende Embleme für Freund und Feind abzuheben, kommt überhaupt erst im 12. Jahrhundert auf. Es ist nicht eben wahrscheinlich, daß da eine so unbedeutende Familie wie die Hartmanns schon ein eigenes Wappen geführt hat. Überdies verfahren die Sammelhandschriften, wo ihnen exaktes Wissen fehlt, sehr großzügig mit der Zuteilung von Wappen an bestimmte Namen: die Illuminatoren nehmen es sich woanders her, wie Phantasie und Assoziation es eben eingeben.

Schließlich erregen die Formulierungen (Hartmann) *von Ouwe, dienstman z(e) Ouwe* (›Klage‹ v. 29, ›Gregorius‹ v. 173, ›Armer Heinrich‹ v. 5 u. ö.) grammatische Bedenken, wenn man sie auf 'die' *Au* beziehen will: da müßte es doch wohl *von der Ouwe, zer Ouwe* geheißen haben. Sollte sich Hartmann übrigens, wäre er ein Wespersbühler gewesen, nicht wenigstens ein Mal so genannt haben? Die Bezeichnung jedoch kennt er so wenig wie seine ihn apostrophierenden Zeitgenossen Gottfried (*dem Ouwære*, 4 621) und Wolfram (*mîn hêr Hartmann von Ouwe*, ›Parzival‹ 143, 21).

Bedenkt man überdies, daß Hartmann selber nirgend bestätigt, er stamme aus Schwaben; erwägt man weiterhin die vertrackte Formulierung in dem ohnehin vertrackten 3. Kreuzlied (218, 20): Saladin und seine Heeresmacht *dienbræhten mich von Vranken* (!) *niemer einen vuoz* (dazu s. u. S. 14f.); vermerkt man endlich, daß gelegentlich auch Einwände erhoben worden sind gegen die Feststellung, Hartmanns Sprache sei eindeutig alemannisch (s. Sparnaay I, S. 17, Anm. 7), so wird man sich zu der wissenschaftlichen Redlichkeit von Hermann Schneiders resignierendem Wort bekennen: „Eine Entscheidung läßt sich heute so wenig treffen wie vor 50 und 100 Jahren, und die größere Sicherheit, die man neuerdings dieser Frage gegenüber zur Schau trägt, kommt uns angemaßt vor" (S. 284). Alles was wir sagen können ist: Hartmanns Herkunft ist mit an Sicherheit grenzender Wahrscheinlichkeit im Raum des alemannischen Sprachgebiets zu suchen. Will man weiter gehen, wird man sagen dürfen: im Südwesten dieses Gebiets (Oberrhein).

Literatur:

Die betr. Partien in den oben S. 2f. genannten allgemeinen Darstellungen, vor allem Sparnaay I, S. 9–18.

Zum Stand:

Joachim Bumke, Studien zum Ritterbegriff im 12. und 13. Jh., 1964. (Beihefte zum Euph. 1.) (Entmythologisiert scharfsinnig romantische Vorstellungen vom mittelalterlichen Ritter.)

Zur Sprache:

Konrad Zwierzina, Beobachtungen zum Reimgebrauch Hartmanns und Wolframs. In: Heinzel-Festgabe 1898, S. 437–511.

Ders., Mittelhochdt. Studien, in: ZfdA 44, 1900, S. 1–116, 249–316, 345–406; 45, 1901, S. 19–100, 253–313, bes. 253 ff., 317–419; s. die Register in 44, S. 345, u. 45, S. 340 ff.

Zur Heimatbestimmung:

Ludwig Schmid, Des Minnesängers Hartmann von Aue Stand, Heimat und Geschlecht. 1875.

ALOYS SCHULTE, Die Reichenau und der Adel. Tatsachen u. Wirkungen. Die Kultur der Abtei Reichenau. Bd I, 1925, S. 557–605, bes. S. 580.

FRANZ BEYERLE, Der ›Arme Heinrich‹ Hartmanns von Au als Zeugnis mittelalterlichen Ständerechts. In: Kunst und Recht, Festgabe für Hans Fehr, 1948, S. 27–46.

FRIEDRICH NEUMANN in der Einleitung (S. 21–24) zu Hartmanns von Aue ›Gregorius‹, 1958.

PETER WAPNEWSKI, Der Gregorius in Hartmanns Werk. In: ZfdPh. 80, 1961, S. 229–230.

Ein Wort noch zu Hartmanns B i l d u n g: Wie die Prologe zum ›Armen Heinrich‹ und zum ›Iwein‹ zeigen, tut er sich einiges auf sein Wissen zugute und kokettiert ein wenig mit seiner Gelehrsamkeit. In der Tat zeigt seine Darstellungsweise, daß er mehr gelernt hat als die Masse seiner Standesgenossen, mehr selbst als viele seiner Dichterkollegen. Seine Werke legen zu glauben nahe, daß Hartmann in den *artes* ausgebildet war, daß er die Alten gelesen hat, auf die er gelegentlich anspielt (Virgil, Ovid), daß er Französisch beherrschte (nur selten versteht er den Wortlaut seiner französischen Vorlage falsch). Von der zeitgenössischen Literatur scheint er keine wesentlichen Impulse empfangen zu haben – er war ja selber ein Erster und Bahnbrecher. Die ausführliche Schilderung der Lehrzeit des Gregorius im Kloster, für die eigentliche Handlung belanglos, geht langatmig weit über das hinaus, was die Quelle ihrem Bearbeiter bietet. Das rechtfertigt die Vermutung, es komme diesen Versen eine autobiographische Note zu:

An sîme einleften jâre   *swaz im vür wart geleit*
dô enwas zewâre   *daz lîp und sêle vrumende ist,*
dehein bezzer grammaticus   *des ergreif er ie den houbetlist.*
danne daz kint Grêgôrjus.   *dar nâch las er von lêgibus*
dar nâch in den jâren drin   *und daz kint wart alsus*
dô gebezzerte sich sîn sin   *in dem selben liste*
alsô daz im dîvînitas   *ein edel lêgiste:*
garwe dúrchliuhtet was: *diu kunst sprichet von der ê*
diu kunst ist von der goteheit.   (v. 1181–1197)

Ausbildung in den *artes* (die Erziehung zum *grammaticus* steht wohl als *pars pro toto* für alle sieben), dann in der Theologie (*divînitas*), schließlich in der Jurisprudenz (*légiste* wurde er, das meint wohl vor allem den Kenner des kanonischen Rechts): was sich hier an genauer Kenntnis des mittelalterlichen Lehrbetriebs niederschlägt, läßt den Schluß zu, daß Hartmann seinen Gregorius seine eigene Schulbildung absolvieren läßt, die er wohl auf einer Klosterschule erhalten hat. Man mag die Erwägung anschließen, ob nicht die grundsätzlichen Argumentationen des Gregorius gegen eine *vita contemplativa* im Geistlichenstand zugunsten tätiger Bewährung in der Ritterschaft auch den Klosterschüler und Ritter Hartmann einstmals mögen beschäftigt und bestimmt haben – doch das bleibt Vermutung und hat mit empirischer Sichtung der Fakten nichts mehr zu tun, so wie jedes Wort über die Vita des Dichters müßig ist, sofern es hinausgeht über das, was er uns selber enthüllt. Das ist wenig, aber es muß uns genügen. (Was bei Ehrismann z. B. [2, 2, 1 S. 143/44] oder bei Sparnaay [I, S. 21] über des Dichters Lebenslauf zu lesen ist, überschreitet die Grenzen dessen, was als wissenschaftliche Aussage gelten kann.)

Literatur:

Zu Hartmanns Bildung äußern sich fast alle unter der Einleitung verzeichneten Titel (s. S. 2f.). Herausgehoben seien ihres Scharfsinns wie ihres Sammelfleißes halber die »Drei Bücher Untersuchungen« (1894) von A. E. Schönbach, die jeder erdenklichen Quelle für Wissen und Bildung nachgehen. Zuletzt: Rainer Gruenter, Über den Einfluß des Genus judiciale auf den höfischen Redestil. In: DVjs. 26, 1952, S. 49–57.

II. DER DICHTER:

CHRONOLOGIE SEINES WERKS UND LEBENS

1. Mîn her Salatîn

Eine zentrale Position in aller Erörterung über die Lebens-
und Arbeitszeit Hartmanns nimmt eine Zeile eines seiner Lieder ein. Dazu muß vermerkt werden, daß dieses Lied, das sog.
dritte Kreuzlied (MF 218, 5), als eine Absage an Minnedienst
und lyrisches Dichten aufzufassen ist, mithin auch als eine Absage an eine Phase des eigenen Lebens, die durch den Versuch
höfisch-minnesängerischen Tuns bestimmt war. Sicherheit über
die zeitliche Fixierung dieser Phase hieße auch ein größeres
Maß an Sicherheit bei dem Bemühen, sich eine Vorstellung vom
Entwicklungsprozeß des Hartmannschen Dichtens zu machen.
Die einzige Handschrift (C) überliefert den Wortlaut:

> *und lebte mîn her Salatîn und al sîn her*
> *dienbrœhten mich von Vranken niemer einen fuoz*
> (MF 218, 19/20)

Das heißt: „Und selbst wenn ʿMonsieurʾ Saladin noch lebte
(konditionaler Irrealis), er und sein Heer ($\alpha\pi\grave{o}\ \varkappa o\iota\nu o\tilde{v}$), sie ver-
möchten mich aus Franken nicht um Fußesbreite fortzulocken.“
Die Sachlage: Hartmann rüstet sich – das Lied sagt es – zu
einem Kreuzzug. In Frage kommen zwei: der Barbarossas von
1189/90 (der dritte) und der Heinrichs VI. von 1197/98, der
wegen des plötzlichen Todes des Herrschers abgebrochen (und
von der Geschichtsschreibung nicht numeriert) wurde.
Der überlieferte Wortlaut ergibt einen klaren Sinn: Saladin
lebt nicht mehr. Hartmann spielt auf ein Ereignis der Zeitge-
schichte an. Saladin, Sultan von Syrien und Ägypten, Einiger
der mohammedanischen Welt, eroberte 1187 Jerusalem zurück
(und das endgültig); ihm galt der dritte Kreuzzug von 1189/90.

Saladin starb 1193. Der Text setzt Saladins Tod voraus. Mithin bereitet sich Hartmann auf den Kreuzzug von 1197/98 vor, und zu dieser Zeit ist es, daß er Abschied nimmt von höfischem Minnesang und -dienst.

Diese Aussage ist im Ganzen des Gedichtes merkwürdig; in sich bietet sie einen klaren Sachverhalt. Doch hat man dessen Eindeutigkeit bezweifelt und dem Text durch eine leichte Änderung eine Wendung gegeben. Man fragte logisch: Wieso vermöchte Saladin den Dichter nicht zur Kreuznahme zu verleiten? Warum geht er dennoch? Und man erinnerte an ein offenbar fundamentales Faktum in Hartmanns Existenz: Er bekennt, daß sein Leben stigmatisiert worden ist durch ein ihn im Innersten erschütterndes Ereignis, den Tod seines (uns unbekannten) Herrn. Höchst ungewöhnlich heißt es in dieser an sich den Bereich des individuellen Icherlebens gesetzmäßig aussperrenden Lyrik einmal: *sît mich der tôt beroubet hât | des herren mîn* (MF 210, 23 f.); und ein andermal: *mich hât beswæret mînes herren tôt* (MF 206, 14). Zweifel und Erkenntnisse dieser Art bewogen Hermann Paul zu der Konjektur

und lebt' mîn herre, – Salatîn und al sîn her . . .

„Lebte jedoch mein Herr noch, dann könnten mich Saladin und seine Heeresmacht nicht bewegen . . .".

Mithin bezieht sich der konditionale Irrealis nicht mehr auf ᷾Monsieur' Saladin, sondern auf Hartmanns geliebten Herrn. Also, folgert man weiter, lebt Saladin noch. Also bereitet sich Hartmann auf den dritten Kreuzzug von 1189/90 vor. Damit hätte er seiner weltlichen Lyrik und weltlichen Phase zehn Jahre früher abgesagt, als die unbefangene Deutung des überlieferten Wortlautes zu meinen nahelegt. Je nach der Entscheidung erhält unsere Vorstellung vom gesamten Schaffen Hartmanns verschiedene Akzente.

Es erübrigt sich indes, die Debatte um Wortlaut und Aussage dieser Stelle im einzelnen zu verfolgen. Sofern die Datierung gemeint ist, handelt es sich um ein Scheinproblem. Es ist doch ganz offensichtlich, daß auch die konjizierte Fassung (*und lebt' mîn herre, – Salatîn und al sîn her | dienbrœhten mich . . .*) eine Deutung auf einen bereits verstorbenen Saladin zuläßt, einen noch lebenden Saladin durchaus nicht beweist: „Lebte mein Herr noch, dann könnte mich auch Saladin (lebte er noch!) mit seiner ganzen Heeresmacht nicht verlocken . . .‟! Eine solche Formulierung, für die späten Erforscher dieser Worte vielleicht verwirrend, war gerade dann ganz unverfänglich, wenn jedermann bekannt war, daß Saladin nicht mehr lebte. Auch die konjizierte Fassung gibt also keine Sicherheit in dem Sinne, als ein noch lebender Saladin vorausgesetzt werden muß, Sicherheit also für einen Terminus ante 1193, Sicherheit, daß Hartmanns Kreuzzug der von 1189/90 gewesen, die Wende seines Lebens und Schaffens damals eingetreten sei.

Man muß es also entweder bei dem überlieferten Wortlaut des Textes belassen. Dann wirken das ʿMonsieur' wie die Bedingung selbst merkwürdig. Aber die Datierung ist klar: es geht um den Kreuzzug von 1197. Oder aber man ändert zugunsten eines tieferen Sinnes und ʿschönerer' Aussage (auf Kosten übrigens von Hartmanns ʿkristallinem' Stil: die harte Apokope ʿlebt' wäre ungewöhnlich): dann ist die Beziehung auf das Jahr 1197 nicht mehr beweisbar, ebensowenig aber ist damit Gewißheit in der Datierung zugunsten des Jahres 1189 gewonnen. Macht indessen eine Konjektur ein Datum fraglich, das bei Bewahrung des überlieferten Wortlautes feststeht, so wird der nach einem Zeitrahmen suchende Blick die unveränderte Fassung vorziehen.

Verwirrend auch die geographische Angabe *von Vranken* – womit Hartmann gewiß seine (engere oder weitere) Heimat bezeichnen will. Denn vor dem Saladin-Vers heißt es: *nû seht wies* (die Gottesminne) *mich ûz mîner zungen ziuhet über mer.* Wie kommt der Alemanne Hartmann zu den Franken, nach Franken? Man hat daran erinnert, daß die Sachsenkaiser sich *Reges Francorum* genannt haben, daß *Regnum Francorum* ʿDeutschland' heißen könne oder ʿAbendland'. Doch das bleibt gezwungen, ebenso wie der Hinweis darauf, daß der Kreuzzug Barbarossas von Regensburg seinen Ausgang nahm, die Entscheidung über letzte Vorbereitungen jedoch im fränkischen Nürnberg fiel (Tag von Nürnberg 1188) (s. NEUMANN S. 20). Die Feststellung hinwiederum, daß sich für den Kreuzzug von 1197 die deutschen Ritter unter Konrad von Querfurt im Rheinland und in Franken sammelten (SPARNAAY S. 173), wird man ebensowenig für eine Lösung der Crux halten, die rätselhaft genug die Frage nach Hartmanns Heimat weiter mit Zeichen der Unsicherheit versieht.

Literatur:

CARL VON KRAUS, MFU, S. 430–448, dort die ältere Literatur.

HEINZ STOLTE, Hartmanns sogenannte Witwenklage und sein drittes Kreuzlied. In: DVjs. 25, 1951, S. 185–198.

HENDRICUS SPARNAAY, Zu Hartmanns Kreuzzugslyrik. In: DVjs. 26, 1952, S. 162–177; wiederabgedruckt in: Zur Sprache und Literatur des Mittelalters. 1961, S. 79–94.

GÜNTHER JUNGBLUTH, Das dritte Kreuzlied Hartmanns. In: Euph. 49, 1955, S. 145–162.

FRIEDRICH NEUMANN, zuletzt in der Einleitung (S. 18–21) zur Gregoriusausgabe, 1958.

PETER WAPNEWSKI, ZfdPh. 80, 1961, S. 230–231.

HELMUT BRACKERT, Hartmann von Aue: Mich hât beswaeret mînes herren tôt. In: Interpretationen mittelhochdeutscher Lyrik. 1969, S. 169–184.

2. Die innere Reihenfolge von Hartmanns Werk

Hartmanns Werk besteht aus 1. der ›Klage‹ (fälschlich ›Büchlein‹ genannt, einem minnedidaktischen Kursus); 2. der Lyrik, die sich unterteilt in Minnelieder, Lieder der Minne- und Weltabsage, und Kreuzlieder; aus 3. den beiden Artusromanen ›Erek‹ und ›Iwein‹; und 4. den beiden ʿLegenden-Romanenʾ ›Gregorius‹ und ›Armer Heinrich‹. Die Frage nach der dichterischen Folge eines so heterogene Elemente enthaltenden Werks ist auch eine Frage nach dessen Sinn. Ist die Reihenfolge vorgegeben und gesichert, so wird man aus ihr die dichterische Entwicklung des Autors abzulesen und zu deuten versuchen. Ist sie unsicher, so wird man das Verständnis der Dichtungen zur Grundlage eines Ordnungsversuchs machen. Mithin ist eine postulierte Reihenfolge bereits ein Stück Deutung.

Legte man den Maßstab ʿpsychologischer Wahrscheinlichkeitʾ an dieses Werk, so ergäbe sich spontan die Reihung: ›Klage‹; die beiden Artusromane, und mit ihnen die Minnelyrik; später dann, in des Lebens Reife und Neige, die Kreuz- und Absagelieder wie die frommen Geschichten von ›Gregorius‹ und vom ›Armen Heinrich‹.

Die empirisch verfahrende Untersuchung des sprachlichen Stoffs, der Laute, Reime, des Stils, auch inhaltlicher Beziehungen, führt zu anderen Ergebnissen. Seit den subtilen Untersuchungen CARL VON KRAUS' und vor allem ZWIERZINAS gilt eine Reihenfolge als gesichert, die man zuvor schon erwogen hatte (BENECKE 1827) und die man heute allenfalls im Detail zu verschieben gelegentlich vorschlägt. ZWIERZINAS Beobachtungen postulieren eine Entwicklung von Hartmanns Dichtungstechnik und zeigen, daß der Dichter seine sprachlich-stilistischen Mittel einer ständigen Kontrolle unterwirft, die z. B. auf die Meidung von nebeneinander stehenden Doppelformen (*began: begunde*) zielt, oder auf die Meidung von mundartlichen Eigentümlichkeiten (das Praeteritum *kâmen* mutet die *kômen* sprechenden Bayern unrein an – also tilgt er es im Reim, wo möglich), oder auf eine Meidung veraltender Wörter (*wîgant, degen, [ver]dagen* usw.). Demnach verwaltet Hartmann seinen Bestand an Lauten, Wörtern, Stilformeln nicht als starren Besitz, hält ihn vielmehr in ständiger Entwicklung und Bewegung, hier schwinden Wörter und Formen, dort tauchen neue auf und mehren sich. „Vielleicht ... hat kein Dichter des Mittelalters in so klarem Erkennen an der Entwicklung seiner Sprache gearbeitet" wie er (SPARNAAY I, 25).

Diese Feststellungen vor allem ZWIERZINAS befestigen eine von der Wissenschaft allgemein akzeptierte Reihenfolge von Hartmanns Werken:

>*Klage*< – >*Erek*< – >*Gregorius*< – >*Armer Heinrich*< – >*Iwein*<.

(Die Lieder sind ihrem Charakter gemäß den einzelnen Phasen zuzuordnen.)

Gewisse Verschiebungen indes innerhalb dieses als kanonisch angesehenen Systems scheinen unvermeidlich. So hatte schon ZWIERZINA den befremdlichen Umstand mitgeteilt, daß die ersten 1000 Verse des >Iwein< sich durch einen geringeren Grad dichtungstechnischer Vollkommenheit von den übrigen Versen abheben, mithin also einer früheren Schaffensperiode angehören sollten. Daraus zieht SCHIROKAUER die Konsequenz und argumentiert angesichts der ähnlich lautenden Eingänge des >Armen Heinrich< (*Ein ritter sô gelêret was | daz er an den buochen las . . .*) und des ›Iwein‹ (*ein rîter, der gelêret was | unde ez an den buochen las . . .*): das Selbstzitat wäre im ›Iwein‹ lediglich leere Wiederholung. Anders im ›Armen Heinrich‹: für seine Abfassung bedurfte es der Suche nach gelehrten Quellen, also war in diesem Falle die Wiederaufnahme der schon gebrauchten Wendung, die somit sinnvoll erneut wurde, erklärlich. Mithin schlug Schirokauer die Reihung vor:

›*Erek*‹ – ›*Gregorius*‹ – ›*Iwein*‹ I (v. 1–1000) – ›*Armer Heinrich*‹ – ›*Iwein*‹ II.

Diesen Ansatz baute Werner Schröder aus, indem er die beiden Artusromane in des Dichters ursprünglicher Planung zueinander rückte und in diesem Schema dem Hartmanns Leben und Dichten eine Wende gebenden Bruch eher Raum läßt: ›*Erek*‹ – ›*Iwein*‹ I – ›*Gregorius*‹ – ›*Armer Heinrich*‹ – ›*Iwein*‹ II.

Der Vorzug dieser These wäre, daß sie die absagenden Lieder, die grundsätzliche Wendung zur geistlichen Betrachtung wie sie der Prolog des ›Gregorius‹ ausdrückt:

> *Mîn herze hât betwungen*
> *dicke mîne zungen*
> *daz si des vil gesprochen hât*
> *daz nâch der werlde lône stât:*
> *daz rieten im diu tumben jâr . . .*
> (v. 1–5, ed. Paul-Leitzmann[8]),

– daß sie die durch den Tod des Herrn in Hartmann ausgelöste persönliche Erschütterung als ʿKriseʾ auch im Ablauf seines Werks nachzuspüren erlaubt. Denn befremdlich auch für den, der dem Mittelalter ein durchaus anderes Verhältnis von Erlebnis und Dichtung, von Schöpfer und Werk einräumt als der Neuzeit, ist es, daß ein Dichter, der so entschieden der Welt, ihrem Glanz und Treiben und seiner Rolle in ihr absagt, gegen Schluß seines Lebens zum Roman courtois, zu Artus und damit zur Welt zurückkehrt. Akzeptiert man hingegen die Vorverlegung des ersten ›Iwein‹-Achtels, so erklärt sich der Rückfall und man hält den Schluß für erlaubt, daß Hartmann sich unmittelbar nach dem ›Erek‹-Erfolg an die Übersetzung des anderen Chrestien-Romans gemacht habe. Da kam, als etwa 1000 Verse verfaßt waren, die Erschütterung durch den Tod des Herrn und mit ihr die Wendung zu jenseitsgerichteter Dichtung, kam die Kreuzfahrt. Später beendete er dann das (Auftrags-)Werk, tat es ohne viel innere Anteilnahme, aber mit der Meisterschaft dessen, der die technischen Mittel beherrscht: der ›Iwein‹ ist, wie man immer gesehen hat, Hartmanns unpersönlichstes, am korrektesten der Vorlage folgendes Werk.

Es wäre im Zusammenhang mit solcher Vermutung eine Untersuchung der ersten 1000 Verse ›Iwein‹ nötig: entsprechen sie in der Freiheit des Übersetzens, nach stilistischen und grammatischen Merkmalen dem ›Erek‹? Die Folgerichtigkeit dieser These (›Iwein‹ = Wiederaufnahme) würde auch nicht aufgehoben, wenn man der Vermutung FRIEDRICH NEUMANNS Raum gibt: daß nicht der ›Iwein‹, sondern – nach ihm – der ›Arme Heinrich‹ Hartmanns letztes Werk sei. Anderseits stellen sich dieser Konstruktion einige Widersprüche entgegen:

Laut ZWIERZINA weisen nicht nur die ersten 1000, sondern auch die letzten 500 Verse des ›Iwein‹ diese 'Rückfallsymptome' auf, auch sie müßten mithin einer früheren Schaffensphase zuzuweisen sein. Das läßt sich schwer erklären.

Sodann: der Kronzeuge widerlegt sich teilweise selbst. Eben der ›Gregorius‹, der so programmatisch die Wende aus der äußeren und äußerlichen in die fromme Innenwelt vollzieht und sie im Prolog begründet – eben er bedeutet dem Leser in den Versen 789–799, als es darum geht, das Leid der Mutter des den Wellen ausgesetzten Kindes zu schildern, daß sein Verfasser dazu nicht fähig sei:

Ir wizzet wol daz ein man   *nû bin ich gescheiden*
der ir iewederz nie gewan,   *dâ zwischen von in beiden,*
reht liep noch grôzez herzeleit, *wan mir iewederz nie geschach:*
dem ist der munt niht sô gereit *ich engewan nie liep noch ungemach,*
rehte ze sprechenne dâ von   *ich enlebe übele noch wol . . .*
sô dem der ir ist gewon.

Das klingt nicht, als habe sich der Autor dieses Stoffs bemächtigt, weil er ihm in der tiefen Erschütterung nach dem Tode des Dienstherrn gemäß gewesen sei. Man erklärt diesen

Exkurs als Stilfigur affektierter Bescheidenheit, die – wie häufig – in einer *digressio* auch die *excusatio* der Unfähigkeit vorbringt. Dennoch bleiben die Verse merkwürdig, weil ihnen doch über das Topische hinaus ein unverkennbar persönlich geprägter Geständnischarakter innewohnt.

Von der Chronologie der Werke Chrestiens darf sich die der Werke Hartmanns keine Hilfe versprechen. Denn von Chrestiens Lebens- und Arbeitszeit weiß die Wissenschaft noch weniger als von Hartmann. Nach den Forschungen von Jean Misrahi scheint nur noch ein einziges Datum gesichert zu sein: das Jahr 1191, in dem Philipp von Elsaß, Graf von Flandern, starb, dem der ›Perceval‹ gewidmet ist. Wie immer man den ›Erec‹ ansiedeln mag, ob um 1165 (Hofer), um 1170 (Fourrier) – daß er nach 1180 anzusetzen sei, kann ausgeschlossen werden. Unsere Erwägungen zur Datierung von Hartmanns Artusromanen vertragen sich also durchaus mit denen der Romanisten zur Chronologie Chrestiens.

Schließlich hat man gerade aus dem Vergleich der Prologe des ›Armen Heinrich‹ und des ›Iwein‹ – umgekehrt schließend als Schirokauer – die Priorität des ›Armen Heinrich‹ gemeint ablesen zu können, da mit prinzipiell gleichen Mitteln im ›Iwein‹ die feinere, leise selbstironisch spielende und souveräne Aussage gelinge (so schon Benecke, zum ›Iwein‹ v. 22; zuletzt Siegfried Grosse). Damit fiele also der auf den Vorgriff der ersten 1000 ›Iwein‹-Verse gegründete Aufbau.

Es bleibt die Feststellung: Auch in der Frage der inneren Chronologie von Hartmanns Werk nistet noch ein gut Teil Unsicherheit im Gerüst der festen Ergebnisse.

Literatur:

Konrad Zwierzina, Überlieferung und Kritik von Hartmanns Gregorius. In: ZfdA 37, 1893, S. 129–217, 365–416.
Ders., Beobachtungen (s. o. S. 11).
Carl von Kraus, Das sog. 2. Büchlein und Hartmanns Werke. In: Heinzel-Festgabe 1898, S. 111–172.
Eduard Sievers, Zur inneren und äußeren Chronologie der Werke Hartmanns von Aue. In: Festgabe für Ph. Strauch, 1932, S. 53–66.
Hendricus Sparnaay, Bd I, S. 23–43; Ders., Nachträge zu Hartmann von Aue. In: Neophilologus 29, 1944, S. 107–116.

Friedrich Neumann, Wann dichtete Hartmann von Aue? In: Panzer-Festschrift 1950, S. 59–72.

Anthony van der Lee, Noch einmal die Datierung von Hartmanns Werken. In: Leuvense Bijdragen 51, 1951, S. 110–116.

Arno Schirokauer, Zur Interpretation des Armen Heinrich. In: ZfdA 83, 1951/52, S. 59–78.

Werner Schröder, Zur Chronologie der drei großen mittelhochdt. Epiker. In: DVjs. 31, 1957, S. 264–302.

Jean Misrahi, More Light on the Chronology of Chrétien de Troyes? In: Bulletin Bibliogr. de la Société Internat. Arthurienne (Paris) No 11, 1959, S. 89–120.

Naohiko Tonomura, Zur Chronologie der epischen Werke Hartmanns von Aue. In: Doitsu Bungaku 23, Tokyo 1959, S. 82–92. (Japanisch, mit dt. Zusammenfassung.)

Peter Wapnewski in: ZfdPh. 80, 1961, S. 231–233.

Siegfried Grosse, Beginn und Ende der erzählenden Dichtungen Hartmanns von Aue. In: Beitr. (Tübingen) 83, 1961, S. 137–156.

Ekkehard Blattmann (s. u. S. 40) S. 289–300: über das Kreuzlied und die biographischen Konsequenzen der Vv. MF 218, 19/20.

3. Die Datierung von Hartmanns Werk und Leben

Der annähernden Zeitbestimmung von Hartmanns dichterischem Beginn dient eine geographische Angabe im ›Erek‹: der Glanz der Hochzeit des Königspaars strahlt wider auch in den Kleidern der Gäste, darunter in dem Zobel aus *Connelant, Conne,* den *vünf alte künege rîche* tragen (v. 1980, 2000–2011). Dieser Name wiegt deshalb schwer, weil er der einzige ist, den Hartmann hier gegen seine Vorlage neu einführt; er hat sich also sein Teil dabei gedacht.

Conne ist das antike *Iconium,* das heutige türkische *Konya:* ein Sultanat der türkischen Seldschuken, das sich bis ins 14. Jh. behauptet hat. Wie fand der Name Eingang in Hartmanns Dichtung, und welche Datierungshilfe gibt er? Wiederum ist die Antwort nicht einstimmig.

Das Kreuzheer Friedrich Barbarossas, im Mai 1189 von Regensburg aufgebrochen, erfocht – nach Überwinterung im byzantinischen Reich – auf seinem Weiterzug am 18. Mai 1190 einen großen, aber blutigen Sieg über das in seiner politischen Haltung zwielichtige Sultanat von Iconium und nahm die

Stadt ein. Das hat den Namen weithin herumgebracht im Abendland. Die Konsequenz für die Datierung von Hartmanns Dichtungen: Der ›Erek‹ (und mithin alles Wesentliche von Hartmanns Werk) kann erst nach 1190 verfaßt worden sein. Diese zuletzt vor allem von Sparnaay verfochtene These (die natürlich die Annahme einschließt, daß Hartmanns Kreuzzug der von 1197 gewesen sei) muß sich einem gewichtigen Einwand stellen. Man kann – wie wir sehen werden – Hartmanns Schaffenszeit kaum über die ersten fünf Jahre des 13. Jhs hinaus ausdehnen. Es müßte mithin so gut wie sein gesamtes dichterisches Werk in die wenigen Jahre von etwa 1190 bis etwa 1205 gepreßt werden, und das bedeutete – ganz zu schweigen von der Belastung durch Ritter-, Dienstmann- und Kreuzfahrtverpflichtungen – eine „Schnellentwicklung, die mehr als unwahrscheinlich ist“ (Friedrich Neumann). Überdies: Der Kaiser ist drei Wochen nach dieser Schlacht im Saleph ertrunken, Teile des Heeres kehrten um, der Erfolg des Unternehmens war fraglich geworden – da ist es nicht eben wahrscheinlich, daß Hartmann die mit diesem Ortsnamen assoziierten blutigen und folgenreichen Geschehnisse kurzerhand 'verdrängte', ihn stattdessen in einen durchaus heiteren und glanzvollen Kontext stellte. (Endlich erübrigten sich vermutlich nach der Schlacht die vom Dichter beigebrachten Erläuterungen zu dem Ländernamen.)

Dagegen hat Friedrich Neumann mit Recht daran erinnert, daß das Sultanat von Iconium auch schon vor der Schlacht kein unbekannter Name in Deutschland war. 1179/80, dann 1188 kamen Gesandtschaften des Sultans an den Hof Barbarossas, und sie werden in ihrem abenteuerlich-exotischen Aufzug Anlaß genug gegeben haben, sich bei der Schilderung prachtvoller Kleider ihrer zu erinnern (Zobel freilich gab es dort nicht). Man mag auch daran denken, daß Heinrich der Löwe 1172 mit glänzendem Gefolge eine Pilgerfahrt unternommen hatte und in Byzanz, in Jerusalem wie beim Sultan von Iconium gastlich empfangen worden war. Es waren also Name und Land Iconium im Reich, jedenfalls in dessen adlig-höfischen Kreisen – denen Hartmanns Dichtung gilt –, sehr wohl bekannt. Man muß vermutlich umgekehrt folgern wie die Verfechter der These 'nach 1190': eben die traurigen Ereignisse dieses Jahres

23

um Iconium schließen es eigentlich aus, daß Hartmanns unbeschwerte Erwähnung nach ihrer Zeit gefallen sein sollte. Vielmehr wird der ›Erek‹ vorher entstanden sein, mit hoher Wahrscheinlichkeit b a l d n a c h 1 1 8 0. Damit wäre der B e g i n n von Hartmanns Schaffen annähernd fixiert.

Man hat erklärt, Spuren von Veldekes ›Eneit‹ im ›Erek‹ wiederzufinden. Da die ›Eneit‹ zwischen 1183 und 1189 in Thüringen umgearbeitet und vollendet worden ist, verschöbe diese These die Arbeit am ›Erek‹ zumindest bis in die Zeit nach 1183/84. Doch kann die Benutzung der ›Eneit‹ für Hartmann nicht als bewiesen gelten. Das Verhältnis müßte erneut überprüft werden.

Der Versuch, das E n d e von Hartmanns Dichten zu begrenzen, geht aus von der begründbaren Annahme, daß der ›Iwein‹ sein letztes Werk sei. Einen Zeitansatz findet man auf dem Umweg über die Datierung einer Wolfram-Stelle:

Im VII. Buch des ›Parzival‹ (379, 18 ff.) ist die Rede von den durch Hufschläge verwüsteten Weingärten zu Erfurt. Dieser Hinweis ist ein Reflex der staufisch-welfischen Auseinandersetzungen nach Heinrichs VI. Tod. Und zwar wurde Philipp von Schwaben 1203 in dem reichstreuen Erfurt durch Hermann von Thüringen belagert, dem es damals gerade gefiel, auf Ottos Seite zu kämpfen, – doch mußte Hermann sich im September 1204 unterwerfen. Die Parzivalverse können also erst nach 1204 gedichtet worden sein, – ob unmittelbar darauf oder erst später, wird man nicht genau sagen wollen. Immerhin ist die Erwähnung um so verständlicher, je gröber die Verwüstung war, je länger die Heilung der Schäden dauerte. Setzt man als Annäherungswert das Jahr 1205, so wird man folgern, daß die dem Buch VII des ›Parzival‹ vorausgehenden Bücher kürzere oder längere Zeit vor 1205 entstanden seien. Nun hat man hier eine 'Arbeitspause' Wolframs gefordert, verleitet durch die Schlußverse von Buch VI. Diese sind jedoch nichts anderes als eine traditionsbedingte kokette Aufforderung an die Damen, den Dichter zum Weiterdichten zu drängen. Stattdessen hat man sie (in Verbindung mit der Erwähnung Erfurts) ohne jeden seriösen Grund zum Anlaß genommen, Wolfram erst einmal vom Dichten zu beurlauben und ihn an Philipps Kriegsunternehmen teilnehmen zu lassen (!). An die 'Arbeitspause' glauben wir nicht.

Das Weingärten-Datum hat eine geradezu beunruhigende Funktion für die Geschichte der deutschen Literatur des Mittelalters, ja es ist „das wichtigste Datum, zum Glück ein leidlich sicheres, auf dem die gesamte Chronologie unserer klassischen mhd. Dichtung letztlich" aufbaut (Werner Schröder). Seine Folgen sind ebenso weitreichend wie labil. Uns geht hier nur an, was sich auf Hartmann bezieht. Im V. Buch des ›Parzival‹ findet der Held seine Cousine Sigune, wie sie Totenwache hält auf der Linde bei ihrem Geliebten Schiunatulander: ihrer unbeirrbaren Treue bis in den Tod war *froun Lûneten rât* fremd, sagt Wolfram tadelnd (253, 10), die ihrer Herrin riet, Iwein, der ihren Mann erschlagen, zu heiraten. Diese Anspielung war nur sinnvoll, wenn Wolfram hier allgemeine Vertrautheit mit Hartmanns ›Iwein‹ voraussetzen durfte. Der Roman mußte also zu jener Zeit bekannt sein. Wir sehen keinen Grund, das V. Buch des ›Parzival‹ weit vom VII. abzurücken, und stellen fest: bis etwa 1205 wird der ›Iwein‹ beendet gewesen sein; mit ihm Hartmanns gesamtes Schaffen, das sich demnach in rund 25 Jahren von etwa 1180 bis etwa 1205 entfaltet. Hartmanns L e - b e n s z e i t wird man entsprechend ansetzen: geboren um 1160/65, gestorben um 1210. Gottfried von Straßburg in seiner berühmten Literaturkritik nennt ihn noch unter den Lebenden. Man datiert diesen Passus um 1210 – tut es jedoch ohne Sicherheit, denn auch dieser Ansatz hängt wie so viele andere letztlich mit dem Weingärten-Datum zusammen. Heinrich von dem Türlin erwähnt Hartmann um 1220/30 als einen Verstorbenen (›Krone‹ v. 2352 ff.). Es scheint sich also eine Lücke aufzutun zwischen dem Abschluß des Werks und dem des Lebens, die zu schließen wäre, wenn man die Frage wiederaufnähme, ob nicht der ›Arme Heinrich‹ dem ›Iwein‹ folge und Hartmanns letztes Werk sei.

Als untauglich, die Datierungsfrage zu fördern, erweist sich endlich ein Denkmal, das man oft bemüht hat: Hartmanns ›Witwenklage‹ (MF 217, 14). Dieses wehmutvolle Abschiedslied aus dem Munde einer Frau hat ein Vorbild: die Witwenklage Reinmars des Alten. Dessen Lied aber können wir genau datieren. Es ist gedichtet für die Witwe Herzog Leopolds V. von Österreich, der am 31. Dez. 1194 gestorben ist, und sein Inhalt legt es auf das Frühjahr 1195 fest. Aus der unverkennbaren Abhängigkeit des unter Hartmanns Namen (nur in C) überlieferten Klageliedes zog man den Schluß: Hartmann kann diese den Tod seines Herrn im Munde von dessen Witwe beklagenden Töne erst ab Sommer 1195 gedichtet haben. Und das heißt bei der kausalen Bedeutung, die man diesem Ereignis für Hartmanns Leben und Dichten gibt, daß nicht nur der Entschluß zur Kreuznahme sondern überhaupt die Wendung nach Innen erst nach 1195 möglich ist. Das drängte wiederum die Entfaltung von Hartmanns Reifephase auf weniger denn zehn Jahre zusammen. Doch verdient die ›Witwenklage‹ durchaus nicht das ihr zugemessene Gewicht in dieser Sache. CARL VON KRAUS hat dieses Lied, das sich befremdlich kühl und unbeteiligt gibt, unvergleichbar der Erschütterung, die aus anderen Versen des Dichters spricht, aus stil- und textkritischen Erwägungen Hartmann abgesprochen und für 'unecht' erklärt. Dies nicht zuletzt deshalb, weil in allen übrigen Fällen der Berührung Reinmar der Nehmende, Hartmann der Gebende zu sein scheint und die Rechnung im umgekehrten Falle nicht aufgeht. Damit ist das ganze Problem der ›Witwenklage‹ Hartmanns radikal gelöst.

Die Verbindlichkeit der Datierungsaussage schwindet indessen auch, wenn man das Lied Hartmann erhalten möchte. Zwar mag es sich um eine Witwenklage handeln, nicht jedoch unbedingt um eine, die dem Tod des eigenen Dienstherrn gewidmet ist, sondern um ein Auftragswerk, das nach dem berühmten Reinmar-Muster angefertigt wurde (DE BOOR). Oder man geht noch weiter und hört hier nicht die Klage einer Witwe, sondern den Trennungsschmerz einer Dame, deren *amîs* das Kreuz nimmt (STOLTE). In beiden Fällen wäre zwar nicht der Termin 'nach 1195' wohl aber die Beziehung auf Hartmanns Herrn gelöst und damit auch alle biographisch-chronologische Relevanz dieser Verse aufgehoben.

(Wenn im übrigen die Richtung des Einflusses konsequent von Hartmann zu Reinmar geht, wie Kraus will, wäre zu prüfen, ob nicht auch für dieses Klagelied Hartmann die Priorität gehören könnte.)

Ordnet man unsere mit Vorbehalten und Fragezeichen belasteten Kenntnisse von Hartmanns Lebens- und Dichtzeit so-

wie der relativen Chronologie seiner Werke in ein Schema, so
lautet der Vorschlag:

Geboren	~ 1160/65
>Klage<, frühe Lieder, >Erek< (>Iwein< I?)	} bald nach 1180 bis ~ 1190
>Gregorius<, >Armer Heinrich<; Lieder der Welt- und Minneabsage	} ~ 1190 bis 1197
Kreuzlieder, Teilnahme am Kreuzzug	1197/98
>Iwein< (II?)	~ 1199 bis ~ 1205
Gestorben	~ 1210

Literatur:

s. die auf S. 17 und 21 verzeichneten Titel.

Carl von Kraus, MFU, S. 423 ff.

Werner Schröder, Zur Chronologie . . . In: DVjs. 31, 1957, S. 274.

Hendricus Sparnaay Bd I, S. 7; Ders., Zu Hartmanns Kreuzzugslyrik. In: DVjs. 26, 1952, S. 162–177.

Heinz Stolte, Hartmanns sog. >Witwenklage< . . . In: DVjs. 25, 1951,
S. 184–198.

Peter Wapnewski in: ZfdPh. 80, 1961, S. 231–233.

Friedrich Neumann, Wann dichtete Hartmann von Aue? In: Panzer-Festschrift 1950, S. 59–72; Ders., Connelant in Hartmanns
>Erec<. In: ZfdA 83, 1951/52, S. 271 – 287; Ders., Verf.Lex. V,
1955, Sp. 324; Ders., Gregoriusausgabe S. 13.

Ekkehard Blattmann (s. u. S. 40) S. 1–47: gegen die Interpretation
von MF 217, 14 als Witwenklage und gegen Reinmar als Vorbild.

Zusammenfassung des sicher oder mit einem gewissen
Wahrscheinlichkeitsgrad Gewußten:

1. Hartmann stammt aus dem Sprachraum des Alemannischen
   (vom Oberrhein?).
2. Der Zeitraum seines Lebens ist etwa mit den Jahren 1160/65
   bis 1210, der seines Dichtens etwa mit den Jahren (bald
   nach) 1180 bis um 1205 gesetzt.
3. Als seinen Beruf gibt er den des Ritters und Ministerialen an.
4. Seine Bildung wird er in einer Klosterschule erhalten haben.
5. Er hat wohl an einem Kreuzzug teilgenommen, vermutlich
   an dem von 1197.

6. Die Reihe seiner Werke bietet sich dar vermutlich in der Folge: ›Klage‹, frühe Lieder; ›Erek‹; ›Gregorius‹, ›Armer Heinrich‹, Absage- und Kreuzlieder; ›Iwein‹ (oder steht der ›Arme Heinrich‹ am Schluß?).

7. Schließlich ein Faktum seiner inneren Biographie: Er hat seinen Herrn verloren, und dessen Tod hat ihn verwandelt.

III. Der Dichter

Zu seiner Sprache und Metrik

Es soll hier nicht von Hartmanns S t i l die Rede sein. Die
einleitende Vorbemerkung (o. S. 1f.) deutete, sich der Auto-
rität eines berufenen Kritikers bedienend, an, was allgemein
zu vermerken ist. Im übrigen wird es sich empfehlen, Stil nicht
als eine konstante Größe zu fassen, sondern als integrierenden
Bestandteil der poetischen Wirklichkeit des einzelnen Denk-
mals; weshalb in diesem Band angestrebt ist, die Betrachtung
des jeweiligen Werkes auch als eine von dessen Stil zu verstehen.
Mit der isolierten Abhandlung der künstlerisch-technischen
Mittel des Dichters ist wenig getan. Sie wäre sinnvoll erst als
Teil einer vergleichenden Darstellung des poetischen Instrumen-
tariums der vor- und frühhöfischen Epik vom ›Rolandslied‹
über die sog. ›Spielmannsepik‹ bis zu Veldeke: Die Feststellung
von Unterschieden und Gemeinsamkeiten, Gegensätzen und
Traditionsbindungen ergäbe erst den Raum, innerhalb dessen
der Katalog von Hartmanns Mitteln eine Resonanz auslöst.
Somit bewegen sich Angaben wie die folgenden auf allgemei-
nem Boden und entbehren der sinnvollen Verbindlichkeit,
wenn die gemeinten Erscheinungen nicht jeweils auf ihren
Kontext bezogen und auf ihre Funktion als Ausdrucksmittel
befragt werden.

Hartmanns S p r a c h e bewegt sich in klar gebauten Sätzen.
Die Wortstellung meidet das Verkrampfte, der Reim das Ge-
suchte, die Bilder scheuen das Gezwungene. In den Formationen der Parataxe wie der Hypotaxe dient die Syntax der über-
schaubaren Ordnung, so wie sie ihr Ausdruck ist. Das Ideal
der Deutlichkeit verwirklicht sich insbesondere in den mannig-
fachen Spielarten des Parallelismus: in der Koppelung zweier
entsprechender oder synonymer Begriffe oder in der von Gegensätzen (so verfährt die erzählende Sprache bis heute: „Des
langen und breiten" – „Groß und Klein"), in Aufzählung,

29

Häufung, Wiederholung. In Gleichlauf wie Antithese intensivieren diese Mittel die Eindeutigkeit der Aussage. Ihr dient auch die Explikation eines Gedankens in einzelne Begriffselemente: dergleichen bezeugt die Vertrautheit mit der distinktiv verfahrenden Methode scholastischer Kasuistik. Der Erhellung und Klärung ist ferner der lebhafte, gelegentlich versweise (stichomythisch) wechselnde Dialog dienlich, nicht anders als Vergleiche und Bilder, allegorische und personifizierende Figuren. In all diesem entbehrt Hartmanns Stil der eigenwilligen Originalität. Es ist nicht nötig, hierin einen Mangel zu sehen und ihn zu entschuldigen mit dem Hinweis, daß solche Bescheidung den Dichter bewahre vor dem Abgleiten in die pittoresken Dunkelheiten etwa Wolframischen Dichtens: Hartmann wollte es vermutlich nicht anders; ihm als der wortgewordenen Verwirklichung schlechthin der höfischen Kardinaltugend *mâze* war eine seinem betrachtenden, erklärenden, lehrenden und theoretisierenden Temperament gemäße Stilisierung wesentlich, eine Darlegung des Allgemeinen und Gültigen mit allgemeinen und gültigen Mitteln.

Man hat festgestellt, daß Hartmanns Dichtungen in ihrem Laut-, Form- und Wortbestand spezifisch voneinander abweichen (s. S. 18f.). In dem einen Werk finden sich Doppelformen (*hete:hâte, gesaget:geseit, henden:handen, began:begunde*), in dem anderen sind sie zugunsten der einen Form reduziert, in einem dritten schließlich scheinen jene Wörter, denen der nicht normierte Sprachgebrauch des Mittelhochdeutschen Doppelformen erlaubt, den Reim zu fliehen und ins Versinnere verwiesen (mithin ist also ihre phonetische Qualität dem Belieben des Sprechenden anheimgegeben, was im Reim nicht möglich ist). Es finden sich ferner in dem einen Werk Wörter, die dem anderen fehlen: hier die altertümlich-biederen *helt, wîgant, recke* – dort in entsprechendem Zusammenhang *ritter* und *herre,* um nur paradigmatisch einige wenige der vielen, insbesondere von ZWIERZINA beigebrachten Belege anzuführen. Dieser Sachverhalt ist eines, und er nötigt den Erklärer des jeweiligen Gedichts zu bestimmten Schlüssen. Ein anderes ist es jedoch, diesen Fakten einen bestimmten Stilwillen zu insinuieren und dessen Interpretation zur Richtschnur für eine 'Entwicklung' des Werks und des Dichters zu machen, und also auch für die Reihenfolge der Dichtungen. In solchem Sinne müssen Zweifel an den Folgerungen erlaubt sein, die ZWIERZINA aus seinen subtilen Untersuchungen zog. Daß ein Epos Fremdwörter liebt und das andere nicht; daß in dem einen das Verbum (*ver*)*dagen* 26mal im Reim vorkommt und in dem anderen nur 9mal (stattdessen kennt es *swîgen*), sind Feststellungen, die zu wichtigen Erkenntnissen führen können. Ob sie indessen ausreichen, um – im Verein mit parallelen Fällen – die Linie einer dichterischen Entwicklung, eines bewußt stilisierenden Kunstwillens und einer faktischen Zeitfolge zu konstruieren, sollte jedenfalls nicht mit Selbstverständlichkeit angenommen werden. Immerhin muß man grundsätzlich erwägen, daß Zwierzina lediglich von den Reimen ausgeht, einem zwar lautlich weitgehend gesicherten, aber prinzipiell beschränkten Material. Ferner ist die Frage nicht müßig, ob die Ergebnisse der Laut-, Form- und Wortbestands-Untersuchungen nicht auch eine andere Deutung vertragen. So ist auch heute zu beobachten, daß die Vorliebe für bestimmte Wörter und mithin ihr Gebrauch phasenbedingt ist – es braucht nicht unbedingt ein Stilwille und eine Entwicklung verantwortlich zu sein dafür, daß sie jetzt zum aktiven, dann zum passiven Wortschatz gehören, und daß sie hier fehlen, muß nicht als bewußtes 'Meiden', daß sie dort vorkommen, nicht als bewußtes 'Ersetzen' gedeutet werden.

Wie wir sahen, wird Zwierzinas Entwicklungs-These gestört durch die ersten 1000 Iwein-Verse: er ist genötigt, sie „für eine ältere Technik in Anspruch zu nehmen" (»Beobachtungen«, S. 503). Das führt dann zu Deutungsversuchen wie dem unsrigen oben S. 18f., die nicht frei von Verlegenheit sind. (Gequälter noch wollen mir die Erklärungen Zwierzinas erscheinen, die mit den in unserer Wissenschaft gewöhnlich im Stande großer Hilflosigkeit bemühten 'Arbeitspausen' rechnen oder gar mit mangelnder Selbstkontrolle des Dichters, der erst nach 1000 Versen sich auf seine neu erworbenen Formprinzipien besinnt; s. Zwierzina »Beobachtungen«, S. 454 f.). Zwierzina stellt zwei in der Tat auffallende Eigentümlichkeiten fest: das Präteritum des Verbums *komen* findet sich bei Hartmann insgesamt 116mal im Reim (und zwar in den *kam/kâmen* usw.-Formen), darunter 86mal im ›Erek‹ – und nurmehr 7mal im ›Iwein‹. Von diesen 7 Iwein-Belegen stehen nun 6 vor Vers 1000! Zum andern: Das bequeme Reimwort (*ver*)*dagen* findet sich insgesamt bei Hartmann 47mal im Reim, darunter 26mal im ›Erek‹ – und nurmehr 9mal im ›Iwein‹. Diese 9 ›Iwein‹-Belege nun stehen sämtlich vor Vers 1000! Welche Deutung auch immer man diesem merkwürdigen Befund geben mag (nur am Rande sei bedacht, daß den ›Erek‹-Beispielen wegen der verderbten Überlieferung keine allzu strikte Verbindlichkeit zukommt), so muß doch daran erinnert werden, daß erfahrungsgemäß einem Reim bestimmte Suggestionskräfte innewohnen, d. h. daß er, wie Reimverzeichnisse zeigen, nach langen

Schweigestrecken plötzlich laut wird und dann Wiederholungen seiner selbst nach sich zieht. Aber natürlich kann mit diesem fragenden Hinweis allein der befremdliche Fall nicht geklärt werden – er soll nur, wie diese fragmentarischen Bemerkungen insgesamt, vor allzu bereiter Hinnahme oder endgültiger Resignation angesichts der Hartmann gewidmeten laut-, form- und wortstatistischen Untersuchungen bewahren.

Auch Hartmanns M e t r i k hält sich in moderierten Bahnen. Er nutzt die dem Vers des mhd. höfischen Epos – dem paarweis gereimten Viertakter – offenstehenden geregelten Freiheiten, die von der alternierenden Regelmäßigkeit des achtsilbigen französischen Vorbildes abstechen; nutzt sie zuchtvoll wie sein Bewunderer Gottfried, bescheidener als der unkonventionelle Wolfram. Mit Bedacht macht er rhythmische Eigenarten zu Bedeutungsträgern: läßt in dem strengen Gleichmaß der Alternation die Strenge höfischer *zuht* sich abzeichnen (›Iwein‹ v. 837–854, PRETZEL Sp. 2384), und bedient sich des „rhythmischen Reizmittels" (PRETZEL) der beschwerten Hebung, um Begriffe herauszustreichen und mit ihnen Atmosphäre zu bilden (z. B. die Markierung religiös-theologischer Termini im Prolog des ›Gregorius‹.)

Ob eine konsequente Glättung und Kultivierung von Metrum und Reim feststellbar ist von Denkmal zu Denkmal, und ob eine solche Linie der postulierten Reihenfolge entspräche, müßte im Zusammenhang untersucht werden. – Ein Sonderproblem bilden bestimmte Verse des ›Erek‹, einige Hundert an der Zahl. Sie sind nach natürlichem rhythmischen Empfinden wie nach den der Überlieferung entnommenen metrischen Gesetzen der mittelhochdeutschen Epenverse beim besten Willen kaum anders zu lesen denn dreihebig: *der álte sús sprách;* oder: *mit zórnígen síten* (Beispiele bei HEUSLER § 569-571). HEUSLER kommt ihrer „Magerkeit" bei, indem er pausierte End- oder gar pausierte Innenhebung ansetzt. Uns will scheinen, daß gerade die Behauptung stummer metrischer Einheiten eine Feinheit des rhythmischen Gefühls voraussetzt, die für diese Phase der mittelhochdeutschen Verskunst nicht gilt und die allenfalls in der Spätzeit zu erwarten wäre (wo sie sich nicht findet). Es trifft wohl PRETZELS Vermutung das Richtige (Sp. 2378), daß diese Verse schlichtweg als Dreitakter zu gelten haben und als „Vorstufen" des höfischen Vierhebers noch dem freizügiger verfahrenden Versgefüge der frühmittelhochdeutschen Zeit verpflichtet sind (und wieder darf die Einschränkung unseres Urteilsvermögens nicht ignoriert werden, wie sie durch den Überlieferungsstand des ›Erek‹ gegeben ist).

Literatur:

Die oben S. 2f. genannten allgemeinen Darstellungen, insbes. Vogt S. 252–257; Ehrismann S. 205–212; Sparnaay Bd II, S. 80–88 u. ö., daselbst weitere Literatur.

Konrad Zwierzina, Beobachtungen (s. o. S. 11).

Emma Bürck, Sprachgebrauch und Reim in Hartmanns Iwein. Mit einem Reimwörterbuch zum Iwein. 1922. (Von der Forschung nicht hinreichend zur Kenntnis genommen!)

Franz Jandebeur, Reimwörterbuch und Reimverzeichnis zum 1. Büchlein, Erec, Gregorius, Armem Heinrich, den Liedern von Hartmann von Aue und dem sog. 2. Büchlein. 1926.

Anthony van der Lee, Der Stil von Hartmanns Erec, verglichen mit dem der älteren Epik. Utrecht 1950.

Andreas Heusler, Deutsche Versgesch., Bd II, 1927, § 553–627. Unveränd. photomech. Nachdruck der Ausgabe 1956. 1968.

Ulrich Pretzel, Deutsche Verskunst. In: Dt. Philol. im Aufriß, Bd III, 1957, Sp. 2377–2386 (daselbst weitere Lit. zur Metrik).

John Alexander Asher, Rudolf von Ems in seinem Verhältnis zu Hartmann von Aue. Basel 1948.

Ders., Hartmann und Gottfried: master and pupil? In: AUMLA 16, 1961, S. 134–144.

Shoko Kishitani, 'got' und 'geschehen'. Die Vermeidung des menschlichen Subjekts in der ritterlichen Sprache (Hartmann von Aue). 1965. – Rez.: Karl Stackmann, Indogerm. Forschungen 73, 1968, S. 242–256.

Hansjürgen Linke, Epische Strukturen in der Dichtung Hartmanns von Aue. Untersuchungen zur Formkritik, Werkstruktur, Vortragsgliederung. 1968. – Heinz Schanze, Zu H. Linkes Methode der Formkritik in ihrer Anwendung auf das epische Werk Hartmanns von Aue. (1969) (= Mittelhochdeutsche Erzählformen). Rezz. Dennis Howard Green, MLR 65, 1970, S. 670–673. Fritz Peter Knapp, DLZ 91, 1970, S. 409–412.Peter F.Ganz, Medium Aevum 39, 1970, S. 194–197. Thomas Cramer, Euph. 64, 1970, S. 115–123. Maria Bindschedler, Erasmus 21, 1969, S. 475–477.

In der Absicht, objektive Kriterien für die Struktur mittelalterlicher Verserzählungen zu finden, wendet sich Linke in seiner

Habilschrift einer Methode zu, die sich streng an den überlieferten Zustand der Handschriften-Form hält. Entscheidende Einsicht vermitteln bei diesem Verfahren die gekennzeichneten Abschnittseinteilungen (durch Initialen usw.), deren Verläßlichkeit und Aussagekraft in einem nicht unkomplizierten Arbeitsgang erprobt sind, wobei der Wert für die „Formkritik" in Prozenten erscheint („mathematisch-quantitative Methode"). Nach Ausscheidung der „Strukturkorruptelen" und neuerlicher Prüfung ergibt sich eine vorläufige Reihung von Leithandschriften. Um nun den Rang eines jeden Abschnittes angemessen beurteilen zu können, zieht Linke den Inhalt des Ganzen („Werkstruktur"), sowie die rezitationstechnischen Notwendigkeiten („Vortragsgliederung") heran; diese beiden Größen bestimmen einander als Korrektive bei der Aufstellung eines Gliederungsschemas. Jede Handschrift erhält nunmehr gemäß ihrer Stellung in dem durch die drei Kriterien (Abschnitt; Inhalt; Vortrag) gebildeten Rangsystem eine Wertziffer, die mithin ihre Qualität innerhalb der durch die formkritische Methode konstruierten Hierarchie ausdrückt.

Am ›Gregorius‹ und am ›Iwein‹ legt Linke dar, daß seine Strukturanalyse auch Konsequenzen für das Dichtungsverständnis hat. Seine Deutungen weichen z. T. von den meinen ab. Es ist schwierig, Kriterien zu finden, mit deren Hilfe man die more arithmetico mit naturwissenschaftlicher Energie erarbeiteten Schlüsse Linkes entscheidend beurteilen kann. Ich verweise auf den Beitrag von Klaus Hufeland (s. u. S. 112), sowie auf die Rezension Linkes durch Thomas Cramer (Euph. 64, 1970, S. 115–123; s. o.), auf die Replik Linkes (Euph. 65, 1971, S. 102–140), die Duplik Cramers (Euph. 65, 1965, S. 209–210).

Norbert Heinze, Zur Gliederungstechnik Hartmanns von Aue. Stilistische Untersuchungen als Beitrag zu einer strukturkritischen Methode. (Mit [engl.] Summary.) 1973 (= Göppinger Arbeiten zur Germanistik 98). – Rez.: Lambertus Okken, ZfdPh 93, 1974. S. 454–455.

IV. Hartmanns Lyrik

Von Hartmann sind 16 Lieder überliefert (4 weitere sind in der letzten Bearbeitung von »Minnesangs Frühling« durch Kraus als unecht bezeichnet), die sich auf 14 Töne verteilen. Ihre Thematik erlaubt es nicht, aus ihnen einen biographischen Zyklus zu knüpfen, wohl aber zeichnet sich in ihnen eine Folge seelischer Entwicklung ab, die man auf vier Stufen sich entfalten sieht. Diese Stufen haben die Deutlichkeit etwa von Jahresringen, das heißt, sie heben sich voneinander ab wie sie ineinander übergehen. Es wäre unangemessen, jedes Lied eindeutig einem dieser Kreise zuteilen zu wollen; es ist nicht selten auch ein Dokument des Übergangs. An Versuchen, eine Reihenfolge zu rekonstruieren, hat es nicht gefehlt. Es liegt in der Natur des Gegenstandes, daß sie nur zu Teilergebnissen gelangten.

Der erste Kreis zeigt Hartmann als den gelehrig-unkritischen Schüler des provenzalisch-deutschen Minnesangs. Ihn vertritt etwa das Lied 215, 14 *Ich muoʒ von rehte den tac iemer minnen* ... Im frohgemuten 'daktylischen' Rhythmus, in einer Reimfolge, die ein Vorbild hat in einem Liede des französischen Trouvères Gace Brulé, verkündigt er den in dieser Poesie sehr häufig formulierten Gedanken, daß es schon höchstes Glück bedeute, der Geliebten begegnen zu dürfen ohne die Anwesenheit anderer. Wie so häufig im Minnesang, steht der harmlose Anlaß in keinem Verhältnis zu dem pathetischen Überschwang des hochgeschraubten Gefühls – das scheint dieser Dichter selber empfunden, diese Disproportion scheint er selber schmerzlich gespürt zu haben. In einem zweiten Kreis offenbart er das persönliche – nicht mehr überindividuell-objektivierte – Leiden an der *minne*. Die naive Gläubigkeit an die Minnedoktrin der ›Klage‹, die noch die ersten Lieder beherrscht, wird in Frage gestellt durch das persönliche Schicksal. Noch zwar ist sein Sang Minnesang – aber er bekennt sich nicht mehr zu dem Glücksgefühl im Leiden, dem Trost in Verzweiflung, wie sie so bezeichnend für alles Minnewesen sind. In dem Liede *Mîn dienest der ist alze lanc* ... (209, 5) bäumt sich das Ich auf gegen den Dienst an der eigenen Not, gegen die Botmäßigkeit in der Qual. Das Leid hat kein Recht, von ihm Zins einzutreiben – jedenfalls nicht dieses Leid. Denn nun ist ein anderes in sein Leben getreten und hat ihm die große Wende gegeben: der Tod seines Herrn. Davon spricht eine isolierte Strophe (206, 10), spricht von dem hohen Zins, mit dem er von Kindheit an alles Glück bezahlt hat, und jetzt hat ihm *ein wîp genâde widerseit* – aber das ist doch nur *ein varndez leit,* ein flüchtiger Unfall; wesentlich hingegen: *mich hât beswæret mînes herren tôt!*

Das Wesen dieser zweiten Stufe ist mithin die Kritik, der Protest, aber dieser Protest gegen das persönliche Leiden in der *minne* ist doch wesensmäßig nur möglich innerhalb des Bereichs grundsätzlicher Anerkennung der Liebe-*minne*. Daneben erwächst freilich die Erkenntnis, daß der Dichter nicht aus solchem Stoff gemacht ist wie dem zum Minnedienen. Der Kritiker bricht durch, mit ihm der Didaktiker und Theoretiker, der eigentliche Hartmann also, der sich nicht leidenschaftlich mit den Dingen identifiziert, sondern der sie zeigt, vorführt, kommentiert. *Niemen ist ein sælic man | ze dirre werlte wan der eine | der nie liebes teil gewan | und ouch dar nâch gedenket kleine* ... (214, 12 ff.). Nie geliebt zu haben, das wahre Glück ... : das ist geradezu gestreift von dem dunklen Saum antikischer Lebenserkenntnis. *Niemen* – der Theoretiker steigert sogleich die persönliche Erfahrung zur allgemeinen Einsicht. Dennoch erkennt er die Glück-Leid-Gesetzmäßigkeit der Liebe an – nur, daß er ihr nicht gewachsen ist: *wand ich mich niht getræsten mac* („ich komme nicht hinweg über ...") *| der guoten diu mîn schône pflac.* Sein rechtschaffenes Wesen läßt es nicht zu, der Frau die Schuld zu geben. Vielmehr liegt die Ursache in ihm, er vermag sein Wesen nicht zur Deckung zu bringen mit dem Wesen des Minnedienstes, so ist es nur in der Ordnung, wenn er in ihm sein Glück nicht findet. Wieder bewährt sich der Theoretiker, wenn er diese Erfahrung in einer prägnanten Sentenz poetisiert: *Sî lônde mir als ich sî dûhte wert: | michn sleht niht anders wan mîn selbes swert* (206, 8–9).

Diesem Ring des bekennenden Protestierens gegen das persönliche Leid im Minnedienst schließt sich ein weiterer, dritter an: Absage an das Minnewesen aus dem Geiste der praktischen Vernunft. Solcher Haltung gibt mit vergnüglicher Oberfläche, aber dunklem Kern das sog. ›Unmutslied‹ Ausdruck, das seine Bitternis unter burlesken und galgenhumorig schimmernden Farben tarnt (*Manger grüezet mich alsô* ... 216, 29). Da wird proklamiert, was bei Walther von der Vogelweide seine vollkommene künstlerische Gestalt findet und was schon gelegentlich vorgeprägt war (so in dem Wechsel Albrechts von Johansdorf 91, 22): nicht die auf gesellschaftliche Exklusivität gegründete, einseitig ʽnach oben᾽ ihr Streben richtende *minne* ist Glück, sondern die *ebene minne,* die Liebe des Miteinander und der Gegenseitigkeit. Eines Tages wird der Dichter die Geschichte von einem hohen Herrn erzählen, der *vil wol von minnen sanc* und dennoch und gerade deshalb stürzte und Gottes und der Welt Liebe verlor – und sie wiedererringt dank der aufopfernden und rettenden Liebe eines einfachen Mädchens. Das ist der Hartmann nach der Umkehr. Sie verwirklicht sich auch in Liedern, in ihrem vierten Kreis. Um der Seele des toten Herrn wie um des eigenen Heiles willen nimmt er das Kreuz und dichtet Verse, die in würdigem Ernst und schmerzlicher Entschiedenheit die eigene Entscheidung als Forderung auch vor die ganze Ritterschaft hinstellen. Sehr bezeichnend unterscheiden sich diese Lieder von denen der Vorgänger. Der Zwiespalt, den Albrecht von Johansdorf spürte, der Friedrich von Hausen zerquälte: wie man der ʽWelt᾽, die sich am kostbarsten im Minnewesen verwirklichte, als einer dem Ritter zur Bewältigung auferlegten Aufgabe gerecht werden und dennoch die Seele, deren Heil ihn aus dieser als Aufgabe gestellten Welt hinaus ins Heilige Land führt, retten könne – dieser Zwiespalt kann Hartmann nicht mehr bedrängen. Anderseits aber spricht aus ihm auch nicht die unreflektierte Naivität seines Landsmannes Heinrich von Rugge, dessen Kreuzzugsaufruf einen Konflikt gar nicht kennt. Hartmann trägt ihn als überwundenes Teil seiner selbst in sich. Er hat sich für die Gottes*minne* entschieden, gegen die Welt und ihre Verkörperung in der *minne.*

Die sechs Strophen des Kreuzliedes 209, 25 *Dem kriuze zimt wol reiner muot*... sind formal durch eine Caesur getrennt, insofern als die Tektonik des Tons und Stils in den ersten vier Strophen von der der beiden letzten abweicht.

So sind z. B. Aufgesang und Abgesang in Strophe I bis IV syntaktisch getrennt, in Strophe V und VI hingegen verbunden, und ihr Übergang ist also durch den Gleitschwung des Enjambements charakterisiert. Außerdem sind sie nur in C überliefert (die ersten vier in B und C), und zwar nach längerem und durch teils unechte Strophen ausgefülltem Zwischenraum. So hat man gemeint, sie Hartmann absprechen zu sollen (SPARNAAY), doch ohne zureichenden Grund. Eher ist KRAUS beizupflichten, der diese Unebenheiten aus dem Umstand erklärt, daß es sich um eine spätere Erweiterung – jedoch durch Hartmann – handelt. Es bleibt eine Frage technischer und untergeordneter Natur, ob man hier von zwei Liedern spricht oder von einem.

Diese Strophen sind durchflutet von einem tiefen Ernst, nichts von Spiel und Glanz und Eleganz, und neben ihnen und Hartmanns letztem Kreuzlied vermögen nicht viele Denkmäler geistlicher Dichtung des Mittelalters zu bestehen. In konsequentem Stufenbau führen die vier ersten Strophen in das Innere des Dichters: von der allgemeinen Sittenlehre (Strophe I) über den aktuellen Aufruf (II) zum Ich und seinem Widerpart, der Lockung der Welt (III), von da zum persönlichen Ich des Sängers und seinem persönlichen Schicksal im Tode des Herrn (IV). Diesen Ton privaten Bekenntnisses nehmen dann die beiden Zusatzstrophen (210, 35) noch einmal auf, die sich durch das *sorge*-Thema verknüpfen und in Gottes Frieden enden.

Schwerer noch, ernster und heftiger in Kritik und Absage, rollen die Langzeilen des anderen Kreuzliedes dahin – wohl des letzten Liedes, das Hartmann gedichtet hat: *Ich var mit iuwern hulden, herren unde mâge* ... (218, 5). Höchst kunstvoll arbeitet er mit den verschiedenen Farben des Bedeutungsspektrums *minne*, läßt die höfisch-erotische *minne* aufblitzen wo die Gottes*minne* gemeint ist, ein offenes Verbergen im Spiel von *amor* und *caritas,* das hohen künstlerischen Reiz hat. Die zweite Strophe (mit der Saladin-Crux) bringt dann offen die Auflösung, die dritte schmettert wie eine Gerichtstrompete den Minnesingern ihr Urteil, die zuvor (II) noch vage unter den *manegen* versteckt waren: *daz iu den schaden tuot daz ist der wân,* sie zerstören sich und gehn zugrunde in ihrem fiktiven Illusionsdenken, in ihrer Welt aus Wollen und Vorstellung, die jedem Zugriff entgleitet. Er aber, der Dichter, *hât* die wahre Liebe wie sie ihn *hât: amor Dei.* Eine Gegenseitigkeit, wie sie sich im irdischen *Minne*wesen nicht verwirklicht, das letztlich nur ein *verliesen* ist. In diesen Versen gibt es keine Geliebte mehr wie in den Kreuzliedern der Vorgänger. Diese gebändigte Trauer ist in ihrem Trost Ausdruck eines Lebens, das seinen Halt, *haft,* gefunden hat, seine Bestimmung weiß. Von hier führt kein Weg zurück zum *Minne*dienst, zum höfischen Treiben des Anfangs.

Die Lieder dieses letzten Rings, der Absage an das *Minne*wesen (als an die Verkörperung müßigen Welttreibens) aus dem Geiste der Gottes*minne,* ergreifen nicht von ungefähr vor allen anderen. Der kritische, lehrende, darstellende Ton, in den sich das persönliche Erfahren allgemeingültig umsetzt, entspricht der eigentlichen Begabung Hartmanns. Er ist nicht Hofkavalier noch Lyriker, er ist Moralist und Epiker. Huldigt er der *minne* und ihrem Dienst, so klingen und schwingen seine Verse nicht, sondern gehn angelernt und unselbständig daher. Es fehlt ihrem Schöpfer die Sensibilität und Farbenfreude, die Fähigkeit, sich verzücken und entrücken zu lassen, die Musikalität und selbstvergessene Anmut, die den Lyriker machen (und auf die man auch im Minnesang gelegentlich trifft, man denke nur an Morungen). So leben vor allem diejenigen seiner Gedichte aus ihrer inneren Kraft, in denen er darstellen, zeichnen, darlegen kann, in denen es nicht darum geht, die empfindsamen Zeigerausschläge des hoffenden und leidenden, des jubelnden und verzweifelnden Herzens in Verse zu verwandeln, sondern in denen Erfahrung und Mahnung aus dem persönlichen in den allgemeinverbindlichen Bereich transponiert werden; in denen Geschehen lebendig nachgezeichnet wird wie im ›Unmutslied‹; in denen moralische Maximen, pädagogische Sentenzen formuliert werden wie in dem ›Abschiedslied‹ 214, 12, oder in denen es um des Menschen letzte Bestimmung geht und um das Heil seiner Seele, das ihm aus der Entscheidung für *Kristes bluomen* erblüht.

Literatur:

Es war hier nicht der Ort, über Geschichte und Wesen des Minnesangs zu handeln. Dafür sei verwiesen auf die unter der Einleitung (S. 2f.) genannten Literaturgeschichten.

Hartmanns Lieder sind ediert in MF 205, 1 ff.; dazu MFU S. 412 bis 473.

Franz Saran, Hartmann von Aue als Lyriker. 1889.

Hendricus Sparnaay, Bd I, S. 44–52; Nachträge dazu in: Neophilol. 29, 1944, S. 107–116 (vor allem zu 217, 14 u. 218, 5).

Ders., Zu Hartmanns Kreuzzugslyrik. In: DVjs. 26, 1952, S. 162 bis 177; wiederabgedruckt in: Zur Sprache u. Literatur des Mittelalters. 1961, S. 79–94.

Heinz Stolte, Hartmanns sog. Witwenklage . . . In: DVjs. 25, 1951, S. 184–198.

Richard Kienast, Die deutschsprachige Lyrik des Mittelalters. In: Dt. Philol. im Aufriß, ²1960, Bd II, Sp. 78–80.

Ders., Das Hartmann-Liederbuch C². Sitzungsber. d. dt. Akad. d. Wiss. zu Berlin 1963. – Rezz.: Günther Jungbluth, DLZ 85, 1964, S. 648ff.; Ludwig Wolff, AdfA 76, 1965, S. 49–54 (beide kritisch ablehnend).

Friedr.-Wilhelm Wentzlaff-Eggebert, Kreuzzugsdichtung des Mittelalters. Studien zu ihrer geschichtl. u. dichterischen Wirklichkeit. 1960, S. 195–203.

Ekkehard Blattmann, Die Lieder Hartmanns von Aue. 1968. – Rezz.: Blanka Horacek, DLZ 91, 1970, S. 216–219. Dennis Howard Green, MLR 65, 1970, S. 673–675. Helmut Tervooren, ZfdPh. 89, 1970, S. 452f.

Hugo Kuhn, Minnesang als Aufführungsform. In: Ziegler-Festschrift, 1968, S. 1–12; auch in: H.K., Kleine Schriften Bd 2: Text und Theorie, 1969.

Leslie Seiffert, Hartmann von Aue and his lyric poetry. In: Oxford German Studies 3, 1968, S. 1–29.

Karl-Friedrich Kemper, Zum Verständnis der Metapher 'Kristes bluomen', Hartmann von Aue 210, 37. In: ZfdPh 90, 1971 (Sonderh.), S. 123–133.

Hartmanns erstes Werk läuft vielfach heute noch unter falschem Namen (›Büchlein‹). Das ist Schuld des bedeutenden Philologen Moriz Haupt. Da die berühmte Ambraser Handschrift (1502–1515) im Auftrage des Kaisers Maximilian durch den Bozener Zöllner Hans Ried geschrieben) eine Reihe von Dichtungen Hartmanns enthält, schlug Haupt dem Dichter auch eine zu, die ihm nicht gehört (wie später durch Saran und Kraus bewiesen wurde). Dieses anonyme Stück nennt sich zum Ende *kleinez büechel*. Damit hatte es seinen Namen: ›Büchlein‹ – und zwar wurde der Titel numeriert, da ein vergleichbares Stück in der Ambraser Handschrift vorausging, das demnach ›I. Büchlein‹ genannt wurde. Nachdem das ›Zweite Büchlein‹ als Epigonenarbeit entlarvt worden war, blieb dem echten Gedicht dennoch der entliehene Titel, wenn auch ohne Zahl. Hartmann selber nennt das Gedicht eine *klage,* und er fügt dem Titel den Namen des Autors hinzu: *daz was von Owe Hartman, der ouch dirre klage began* (v. 29/30). Mit *klage* ist nicht ein larmoyanter Inhalt beliebiger Art gemeint. Das Wort zielt auf eine Gattungsbezeichnung und übersetzt das französische *complainte* (<lat. *planctus*). Die *complainte* wiederum ordnet sich der Gattung des *Salut d'amour* zu und führt also zurück auf die Tradition der ›Vers-Epistel‹. Bei Hans Ried hat die (nur hier überlieferte) *klage* die anspruchsvolle Überschrift: *»Ein schöne Disputatz. Von der Liebe. so einer gegen einer schönen frawen gehabt vnd getan hat«.* Das stimmt, wie immer bei Ried, nur halb. Von der Liebe, ob *gehabt* oder *getan,* ist kaum die Rede. Wohl aber handelt es sich um eine *Disputatz,* eine *disputatio.*

In der Literatur des Altertums wie des Mittelalters, im Lateinischen wie in den Volkssprachen hat die Gattung des *Streitgesprächs* (*altercatio, conflictus, disputatio*) eine breite Tradition, die sich aus der Eignung des Dialogs erklärt, den Intellekt logisch und formal zu schulen und schrittweise die Lösung eines Problems anzugehen. Naturgemäß nahm sich die Scholastik, nahm sich der nach verstandesmäßig begründeter Einsicht suchende Glaube des Mittelalters eifrig dieser Methode an, die als *Dialektik* im System der *artes* gelehrt wurde.

Die Gattung bemächtigt sich mannigfacher Themen, vor allem natürlich der Liebe. Eine Sonderstellung nimmt hingegen eine Gruppe von Denkmälern ein, die es mit Schuld und Sühne, Heil und Verdammnis des Menschen zu tun hat: In dieser Gruppe sind die Streitpartner *Leib* und *Seele* (exemplarisch vertreten durch die ›Visio Fulberti‹ [Philiberti], eine im Abendland in unzähligen Versionen verbreitete Vision, in der ein träumender Mönch die Auseinandersetzung zwischen eines toten Mannes Seele und Leib erlebt, die sich gegenseitig der Schuld an ihrer Verdammnis bezichtigen). Einem Zeitalter, dessen Wesen allen harmonisierenden und gradualisierenden Zügen zum Trotz dualistisch gezeichnet war, mußte diese Gattung als angemessener Ausdruck seiner Natur entsprechen. So werden auch das eigenartige Phänomen der Höfischen Kultur und ihr Zentrum, die *minne*, zwecks Bewußtmachung und Klärung dieser auseinandersetzenden Methode unterworfen. Hartmanns ›Klage‹ ist eine Variante des Leib-Seele-Disputes, nämlich die Auseinandersetzung zwischen dem Leib und dem Herzen. Da das Herz hier nicht etwa der Seele gleichzusetzen ist, sondern als 'Begehrungsvermögen', als Sitz der Sinne und Leidenschaften dem naturalen Bereich des Irdischen angehört, vollzieht sich mithin eine Profanierung des Themas. Die Antithetik Leib : Seele wird von Hartmann nicht etwa mißverstanden; sie ist nicht sein Gegenstand. Ihm, dem liebeskranken *jungelinc* (v. 7), geht es um die Klärung der innerweltlichen, freilich transzendierende Kräfte entfaltenden Macht der *minne*. Herz und Leib zeihen sich wechselseitig der Schuld an dem Elend des vergeblichen Minnewerbens. Einsichtig bekennen sie sich schließlich zueinander, zu ihrer Einheit und zu ihrer Aufgabe, dem Dienst. Im zweiten Teil gibt das Herz dem ratsuchenden Leib Hilfe für diesen Dienst. Es lehrt ihn den *krût-zouber von Kärlingen*: eine Allegorie, in der die Tugenden als die einzelnen den Liebeszauber bewirkenden Kräuter figurieren, als da sind vor allem die Trias *milte, zuht, diemuot,* dann *triuwe unde stæte, kiuschheit unde schame,* schließlich *gewislîchiu manheit* („Zuverlässigkeit"). Alle diese Kräuter aber kommen aus der

Gewürzkammer Gottes, der ihr *herre* ist. Wenn einer diesen *ȝouberlist* kennt, *daȝ ist ȝer werlte ein sæleceit / und ist gote niht ȝe leit, / eȝ ist bêdenthalp ein gewin, / got und diu werlt minnet in: / swer den selben ȝouber kan, / der ist ȝer werlt ein sælec man* (v. 1343 bis 1348). (Es folgt ein sich an die Dame wendender Schlußteil, in dem der junge Mann mit seinen formalen Künsten brilliert: 15 Strophen, deren jede der vorausgehenden gegenüber um zwei Verse abnimmt, bis aus 32 Versen vier geworden sind.)

Die Quelle dieses allegorischen Streitgedichts ist nicht bekannt; zweifellos aber war sie ein romanischer, vermutlich französischer *salut*. Manche Ähnlichkeit mit Hartmanns Gedicht weist eine *mynnred* im Liederbuch der Klara Hätzlerin auf (2. Abt. Nr 47). Daß Hartmann deren Vorlage war, ist unwahrscheinlich. Eher scheint es, daß beide unabhängig voneinander auf die gleiche romanische Quelle zurückgehen (PANZER).

Ein Lehrstück; nicht empfundene Liebespein, sondern rational dargelegte Reflexion, in (1914) Verse umgesetzte Doktrin der höfischen Minnegesittung. Das Herz belehrt den Leib, den Menschen darüber, daß Anstrengung und Entbehrung, Mühe und Entsagung die trägen und bequemen Strebungen des Leibes besiegen müssen, damit im Dienst an der *minne* der Idealzustand menschlichen Daseins, das Höchstmaß menschlicher Möglichkeit erreicht werde: Achtung der Welt, Liebe Gottes; Ansehen vor den Menschen, Gnade vor Gott – *got und diu werlt minnet in*: das große Programm der 'Höfischen Kultur', ihrer 'klassischen' Dichtung, der es immer wieder um das eine und einzige geht: *got unde der werlde gevallen*, vor beiden zu bestehen.

Hartmanns ›Klage‹ ist das erste Zeugnis einer systematischen Darlegung der adelnden und sittigenden Funktion des Minnewesens. Diese Etüde, so sehr sie in der Blässe des Gedankens und gelegentlicher Unzulänglichkeit der logischen Durchführung die Unbeholfenheit des Anfängers spüren läßt, offenbart doch schon einen wesentlichen Zug Hartmanns: seinen Glauben an die *ratio*, an die helfende Kraft der Vernunft. Der Mensch, der sich seiner Verstandeskräfte recht bedient, seinen Willen zügelt und steigert, dumpfe Triebe unterdrückt, das Gute erkennt, anstrebt und verwirklicht, dieser Mensch wird das Leben bestehen und die Liebe Gottes und der Welt haben. Eine

Lehre von Ordnung und Gesetz, von einem Reich, dem die Dämonen fern, in dem die dunklen Mächte gebannt sind. Jetzt nimmt der Dichter die Fackel der lebensbewältigenden Verstandesklarheit und Erleuchtung und trägt sie in die eigentliche Dichtungswelt, in der sich dieser fromme Optimismus nun handelnd entfaltet: In das Reich des Königs Artus, in dem es immer licht ist.

Literatur:

Editionen: 1842 durch MORIZ HAUPT (zus. mit den Liedern, dem ›2. Büchlein‹ u. dem ›Armen Heinrich‹), ²1881 durch ERNST MARTIN (ohne die Lieder). – 1867 durch FEDOR BECH im 2. Teil seiner Gesamtausgabe der Werke Hartmanns von Aue, ⁴Nachdruck 1934 (zus. mit dem ›2. Büchlein‹, den Liedern, dem ›Gregorius‹ u. dem ›Armen Heinrich‹). – 1958 Auswahl durch FRIEDRICH MAURER (der „in der Hauptsache" HAUPT folgt) in ›Sammlung Göschen‹, Bd 18. – 1968 durch HERTA ZUTT (zusammen mit dem ›2. Büchlein‹): diplomatischer Abdruck des Textes mit gegenübergestellter normalisierter Fassung. – Hartmann von Aue: Das Klagebüchlein. – Das zweite Büchlein. Hg. v. LUDWIG WOLFF. 1972 (= Altdeutsche Texte in kritischen Ausgaben Bd. 4). – Rez.: HEIMO REINITZER, Germanistik 13, 1973, S. 376.

FRANZ SARAN, Hartmann von Aue als Lyriker. 1889, S. 39–46, 89–94.

CARL VON KRAUS, Das sog. 2. Büchlein und Hartmanns Werke. In: Heinzel-Festgabe 1898, S. 111–172; Ders. in: ZfdA 56, 1919, S. 14.

FRIEDRICH PANZER, in: ZfdPh. 31, 1899, S. 524–545 (Rezension der Etudes sur Hartmann d'Aue von F. Piquet).

HANS WALTHER, Das Streitgedicht in der latein. Literatur des Mittelalters. 1920.

HEDWIG GROSS, Hartmanns Büchlein, dargest. in seinen psycholog., ethischen u. theolog. Beziehungen auf das Gesamtwerk des Dichters. 1936.

ROSWITHA WISNIEWSKI, Hartmanns *Klage*-Büchlein. In: Euph. 57, 1963, S. 341–369.

HERTA ZUTT, Die formale Struktur von Hartmanns ›Klage‹. In: ZfdPh. 87, 1968, S. 359–372.

WOLF GEWEHR, Hartmanns ›Klage-Büchlein‹ als Gattungsproblem. In: ZfdPh 91, 1972, S. 1–16.

Ferner SPARNAAY Bd I S. 52–62 und die erwähnten Literaturgeschichten, dort weitere Literatur.

Auf das Lehrstück folgt das Zeugnis der ersten Meisterschaft, auf die Didaxe das Beispiel, auf die Allegorie die Darstellung: die Geschichte Hartmanns des Dichters setzt ein mit
dem ersten deutschen Artusroman, dem ›Erek‹.

1. Überlieferung

Es gilt von Hartmanns Werken insgesamt, daß sie der Nachwelt dürftig überliefert sind (die Ausnahme macht der ›Iwein‹).
Besonders dürftig der ›Erek‹, weil ihm (in der einzigen Handschrift) der Eingang fehlt.

Ambraser Handschrift (s. o. S. 41), durch mehr als 300 Jahre vom
Original getrennt und mit gelegentlichen willkürlichen ‘Verbesse-
rungen’ des ‘denkenden’ Schreibers Hans Ried. Den tatsächlichen
Wortlaut von Hartmanns Dichtung wird man kaum je wiederge-
winnen können; allenfalls kann man ihr eine Form geben, die mit
hohem Wahrscheinlichkeitsgrad der des Originals entspricht. Außer
dem fehlenden Eingang eine Lücke nach v. 4629, die glücklicher-
weise ausgefüllt wird durch das Wolfenbütteler Fragment (1898
aufgefunden, 2 Pergament-Doppelblätter mit den v. 4549–4832 plus
57 die Lücke füllenden Versen, die mit Rücksicht auf die alte Zäh-
lung bezeichnet sind als 4629[1] bis 4629[57]). Gesamtumfang des Überlieferten: 10 192 Verse. Geschätzter Umfang des Originals: rund
10 350 Verse.

2. Quelle

... *als uns Crestiens saget*, lautet ein Vers (4629[12]), und damit
scheint die Quellenfrage klar. Sie ist es nicht: denn mit leiserer
oder lauterer Verwunderung hat man immer wieder auf die
bemerkenswert „freie Übertragungsmethode" hingewiesen, ja
den ›Erek‹ eine „freie Nachschöpfung" von Chrestiens Roman
genannt. Der Befund ist seltsam nicht nur, weil dem Mittelalter zwar philologische Treue unbekannt, schöpferische Um-
gestaltung aber zuwider war (daher Wolfram Gottfried den
erwünschten Angriffspunkt bot); er ist befremdlich insbesondere angesichts der Korrektheit, mit der Hartmann im Stadium

der Reife, virtuos alle technischen Mittel seines Künstlertums beherrschend, den ›Iwein‹ übersetzt. Der Sachverhalt ist unbequem aber eindeutig: Hartmanns ›Erek‹ folgt Chrestiens Dichtung kaum je wörtlich, entspricht jedoch grundsätzlich ihrem Handlungsverlauf im Ganzen wie in den Teilen, so daß ein naher Zusammenhang unbezweifelbar ist. Er weicht aber anderseits in einigen Partien, Wendungen und Abschnitten auffallend von Chrestien ab; und diese Abweichungen bedürfen der Erklärung.

Der Erek-Stoff findet sich außer bei Chrestien und Hartmann in einem Mabinogi (d. h. einer der alten kymrischen Erzählungen, die dann im 14. Jh. gesammelt worden sind): ›Gereint‹, sowie in der altnordischen ›Erex-Saga‹ (überdies in einem altfranzösischen Prosaroman, der indes eindeutig von Chrestien abstammt). Das Verhältnis des Mabinogi und der ›Erex-Saga‹ zu Chrestien ist nicht geklärt, jedenfalls aber sind sie nicht ausschließlich von ihm abhängig. Wichtig ist nun, daß manche der nicht unwesentlichen Abweichungen Hartmanns von Chrestien sich auch im ›Gereint‹ und in der ›Erex-Saga‹ finden (die ihrerseits gewiß nicht von Hartmann abstammen). Aus diesem Sachverhalt können grundsätzlich vier Schlüsse gezogen werden:

a) Entweder sind Hartmanns Abweichungen Produkt eigener Phantasie. (Dagegen sprechen die Übereinstimmungen mit dem ›Gereint‹ und der ›Erex-Saga‹, die schwerlich auf bloßem Zufall beruhen können.) – Oder

b) Hartmann benutzte eine andere Version von Chrestiens Werk als die uns überlieferte. Auf sie könnten auch ›Gereint‹ und ›Erex-Saga‹ zurückgehen (oder diese führen gar hinab bis zu einer auch dieser Chrestien-Version zugrunde liegenden gemeinsamen Quelle). – Oder

c) Hartmann benutzte außer Chrestien noch Nebenquellen, deren Tradition auch mit ›Gereint‹ und ›Erex-Saga‹ verbunden ist. – Oder

d) Hartmann ist überhaupt nicht von Chrestien abhängig, sondern von dessen Vorlage – und zwar von deren postulierter Übersetzung ins 'Niederrheinische'. Diese These von einer rheinischen Artusdichtung vor Hartmann ist auf Grund gewisser sprachlicher Eigentümlichkeiten bei Hartmann wie bei Wolfram oder Ulrich von Zazikhofen von der älteren Forschung (LACHMANN, ZWIERZINA, SINGER) aufgestellt, später jedoch des Fehlens aller Denkmäler halber kaum mehr erwogen worden, bis PENTTI TILVIS sie jetzt mit bemerkenswerten Argumenten erneuert hat.

Für jede der vier Vermutungen lassen sich Gründe finden, gegen jede von ihnen lassen sich Gegengründe anführen. Die Frage ist noch ungeklärt.

3. Hartmanns ›Erek‹ und Chrestiens ›Erec‹

Vor den Toren des Denkens siedelt das Klischee. So wird man immer wieder auf eine Frontenziehung treffen, derzufolge dort dem Franzosen zugebilligt wird, was nach national-romantischer Vorstellung des Franzosen ist: Realismus und Leichtigkeit, Rationalismus und Heiterkeit; und hier dem Deutschen, was nach ebendieser Anschauung des Deutschen ist: Idealismus und Tiefe, Gemüt und Treuherzigkeit. Eine Auffassung, die den Prozeß, dem das Dichtwerk beim Übergang aus dem Romanischen ins Deutsche unterliegt, gern als 'psychologische Vertiefung' bezeichnet – welche Charakterisierung bereits eine Entschuldigung, wenn nicht gar Rechtfertigung möglicher formaler Vergröberung einschließt. Heute versucht man, das Urteil aus der Perspektive solchen durch nationale Gefühlstraditionen bedingten Wertens zu befreien und nach der jeweiligen Eigen-Art des Dichters und seiner Dichtung zu fragen, danach, was hier Chrestien wollte und dort Hartmann oder Wolfram, und welche Mittel ihnen zur Verfügung waren, diese ihre Konzeption zu erfüllen. Bei solcher Betrachtung weichen z. B. die nationalpsychologischen Kategorien der einfacheren Frage nach dem jeweiligen Stand der künstlerischen Mittel, nach dem Publikum, der sozialen und politischen Konstellation unter der ein Dichter arbeitete, den poetischen Vorbildern seiner Tradition und anderen. Vergleicht man Chrestien und Hartmann nach ihrer dichterischen Substanz, so ergibt sich, daß Chrestien der prägnante Gestalter war, das Temperament von höherer Fähigkeit in der plastischen Darstellung der Figuren und ihres Lebens. (Zu schweigen davon, daß Hartmann nach einer künstlerisch in sich geschlossenen Vorlage übersetzte, wohingegen Chrestien den Artusroman erst schuf – gleichgültig, ob man an eine nordfranzösische Artustradition vor ihm glaubt oder nicht.) Hartmann ist der Typus des Lernend-Aufnehmenden, und das heißt auch, des Lehrend-Weitergebenden. Er demonstriert mehr als daß er bildet, er lehrt mehr als daß er gestaltet, es geht ihm in der *fabula* vor allem um das *docet*.

Bereits das scheinbar äußerliche Faktum des Textumfangs ist aufschlußreich: Chrestiens ›Erec‹ hat fast 7000, Hartmanns ›Erek‹ (im Original) etwa 10 350 Verse: um die Hälfte mehr als Chrestien (dessen Werk, anders ausgedrückt, nur 2/3 vom Umfang des übersetzten hat). Grundsätzlich ist es zwar so, daß Übersetzungen mehr Worte brauchen als das Original, um präzis dessen Geist zu treffen, für den oft genug ein äquivalenter Ausdruck fehlt. Hartmanns Breite jedoch erklärt sich nicht allein mehr aus dieser Erfahrung. Es ist ihm ein Hang eigen zu genauer Beschreibung, zu korrekter Ausmalung, zuweilen zu Pedanterie. Er verweilt, zählt auf, zeigt gerne was er weiß: Als er die Gästeliste von Ereks Hochzeit nennt, brilliert er gegenüber Chrestien mit einem Plus von 44 Namen (was sogleich wieder die Quellenfrage aufwirft, denn diese Namen wird er nicht erfunden haben). Oder die berühmte Beschreibung von Enitens Pferd und Sattelzeug: bei Chrestien 40 Verse, bei Hartmann sind es rund 500! Dieses Charakteristikum des deutschen Dichters also zeigt schon der flüchtige Vergleich: ihm wohnt ein Zug inne zu beschaulichbreiter Beschreibung, zur Genauigkeit, zu Belehrung und Beispiel. (Einzelvergleiche – in dem Maße fragwürdiger, als man an Chrestien als unmittelbarer Vorlage zweifelt – bei WITTE und EHRISMANN.) Hartmann strebt nach Bändigung, Dämpfung, Mäßigung des von Chrestien prall und bunt, auch grell geschilderten Lebens, nimmt dem Individuum seine Vereinzelung und erhebt es zum Typus und Muster, ihm geht es um jene Haltung der seelischen Balance, die das Zentrum der 'höfischen' Gesittung ist: Es gilt, den mittleren Weg zu finden zwischen Gott hier und Welt da, zwischen *minne* hier und Ritterpflicht da. Dieses Suchen nach dem mittleren Weg durch die extremen Positionen des Handlungsablaufs bestimmt seine Stillage – in der sich mithin bereits jene Lösung und Lehre verdinglichen, zu der die Handlung erst allmählich durchbrechen muß.

Endlich noch der Hinweis, daß beide Romane in der Schlußpartie wesentlich voneinander abweichen. Chrestien hat nicht die Episode mit den 80 Witwen, hat nicht die den Ring schließende Heimkehr in ein neu erdientes, jetzt erst verdientes Königtum (und gerade in der Witwen-Episode beruft Hartmann sich zweimal auf seine Quelle!).

4. Aufbau und Komposition

Handlungsschema:

a) Erster Teil = Vorgeschichte: Erek, *fil de roy Lac* und Ritter der berühmten *table ronde* des Königs Artus, gewinnt nach mancherlei Abenteuern Enite, die schöne Tochter armer aber vornehmer Eltern, zur Frau.

b) Zweiter = Hauptteil: Gefesselt in seiner Leidenschaft zu Enite, vernachlässigt Erek die Pflichten des Fürsten und Ritters, *verliget* sich, bringt Schande über sich, seinen Hof, sein Land, und büßt seine *êre* ein. Die darob verzweifelte Enite schüttet, als sie ihn schlafend glaubt, in einem Selbstgespräch ihr Herz aus. Sogleich läßt er wappnen und bricht mit seiner Frau auf, sie zwingend, vorauszureiten und zu schweigen. In der nun abrollenden Folge von Abenteuern rettet Enite den Mann dadurch, daß sie das Schweigegebot bricht, und verhilft ihm zum Sieg über gewaltige Gegner, seien sie Räuber, Riesen oder feindliche Helden. Die Warnerin aber wird von ihrem Herrn gescholten und gestraft, bis die beiden Liebenden wieder zusammenfinden nach dem Oringles-Abenteuer (da der scheintote Erek erweckt wird durch die Klage seiner Frau, deren sich der Graf Oringles bemächtigen will). Nach einem weiteren Abenteuer, in dem der ermattete Erek durch den unerkannten Freund Guivreiz vom Pferd gestochen und wieder von Enite gerettet wird, hat der Held den letzten und schwersten Kampf zu bestehen, den in *Joie de la curt*. Er siegt und befreit damit seinen Gegner Mabonagrin, dessen Geliebte und 80 gefangene Damen, die durch jenen Ritter zu Witwen gemacht worden sind. König Artus' Hof gibt allen die Freude wieder. Erek aber, der jetzt der *wunderære* heißt, herrscht mit Enite glücklich über sein ererbtes Königreich.

Dem ersten Blick schon erweist sich der ›Erek‹ als zweiteilig: Erwerbung der Braut; *Aventiuren*fahrt. Das ähnelt dem Schema der sog. 'Spielmannsepen' (DE BOOR; vgl. auch W. J. SCHRÖDER, Spielmannsepik, 1962). In subtilerer Anwendung bietet auch der ›Erek‹ dieses Schema, sein zweiter Teil ist Verlust und Wiederfinden der Frau, der Liebe. Freilich sind hier theaterbunte Handlung und unerhörte Begebenheit nicht Selbstzweck; vielmehr wird die Welt der Dinglichkeit, des Einzelnen transparent, so daß der Blick durch das Einzelne und Besondere auf das ihm übergeordnete, sich in ihm verwirklichende Allgemeine, das Eigentliche gelenkt wird: Gebärde und Szene, Entsprechung und Wiederholung müssen verstanden werden aus ihrer über sich hinausweisenden Bedeutung, als Signum tieferer Vorgänge. Das alte Schema trägt neuen Sinn.

Jeder dieser Teile ist nach der für die Artusdichtung kennzeichnenden Dreisatz-Struktur gebaut: a) Exposition und Konfliktauslösung (Verletzung der *êre*) – b) *Aventiure* (als Bewältigung des Konfliktes im Bilde der Bewältigung ihm gemäßer Abenteuer) – c) Heimkehr an den Artushof (und damit in die neuerrungene menschliche Ganzheit, 'Reintegration' der Persönlichkeit [ERICH KÖHLER]; oft im Bilde der Ehe). Im ersten Teil freilich entdeckt sich dieser Plan nur als Flachrelief und Andeutung. Seine Verwirklichung findet er im zweiten: a) König Erek, seine Herrschaft, Befleckung ihrer und seiner *êre* durch sein *verligen* – b) *Aventiuren*fahrt, deren Stationen auf den Konflikt bezogen und Stufen seiner Bewältigung sind. (Nach dem Abenteuer beim Grafen Oringles auf Limors: Gewinnung der Frau, aus der Liebe ist die Ehe geworden. Folgt das 'Bestätigungs-Abenteuer' *Joie de la curt*) – c) Heimkehr an den Artushof, Heimkehr ins eigene Königreich, (noch einmal!) Krönung.

Das für die Gliederung im großen geltende Prinzip der Zweiteilung hat als Kunstprinzip der Wiederholung, Parallele, Analogie, am besten wohl: der Doppelung, konstitutive Bedeutung für diesen Roman (wie überhaupt für die epische Dichtung des Mittelalters). Das mag deutlich werden an einer schematischen Aufgliederung der Ereignisse des zweiten Teils:

Rahmen: Herrschaft in Karnant, *verligen,* Verletzung der *êre,* Aufbruch zur *âventiure*

1. Sieg über 3, dann über 5 Räuber. Enite bricht das Schweigegebot (1. Nacht nach nachmittäglichem Aufbruch)
2. ›Galoein‹-Episode: Enite entgeht den Nachstellungen des Grafen durch List. Sieg Ereks über ihn (2. Nacht)
3. Kampf mit Guivreiz *le petiz,* Sieg Ereks. Übernachtung auf der Burg des Freundes (3. Nacht)
4. Abstecher an den Artushof, (vorübergehende) Wundenheilung durch Famurgans Pflaster (4. Nacht)
1a. Sieg über die Riesen, Befreiung Cadocs aus ihren Händen (5. Tag)
2a. Oringles-Episode: Enite weigert sich, den Grafen zu heira-

ten; der scheintote Erek erwacht, Sieg Ereks über Oringles; die Liebenden finden sich

3a. Kampf mit (dem nicht erkannten) Guivreiz *le petiz*, Niederlage Ereks, Rettung durch Enites Schrei (immer noch:
5. Nacht)

4a. Abstecher auf das Wasserschloß Penefrec, 14 Tage Erho-
lung, (endgültige) Wundenheilung

'Bestätigungs-Abenteuer' *Joie de la curt*

Rahmen: Heimkehr an den Artushof, über ihn in das eigene
Reich nach Karnant.

Diese Skizze zeigt deutlich, wie in den Rahmen von Aufbruch und Heimkehr eine Abenteuerfolge gespannt ist, die in
sich gedoppelt ist, die ihre Themen in einer Reprise moduliert
und sie durch Parallelisierung verdeutlicht und vertieft. Diese
Form ist Aussage und wird gedeutet werden müssen, wie sie
ihrerseits den Weg zur Deutung des Ganzen eröffnet. Vorerst
sei nur festgestellt, daß *Joie de la curt* nicht etwa die Balance der
Tektonik stört sondern – wie sich bei der Aufschlüsselung des
Schemas im nächsten Abschnitt zeigen wird – seinem Wesen
gemäß keine Entsprechung haben kann. (In rein mechanisch-
quantitativem Sinn entspricht seine Hinzufügung übrigens einem der Urgesetze epischen Erzählens: 'Achtergewicht' [Axel
Olrik].)

Über die Entsprechung der einzelnen Abenteuer-Akte hinaus
(die einmal deutlicher und tiefsinniger, ein andermal flüchtiger
und wenigersagend ist) sei noch auf die Doppelung einzelner
Szenen und Motive hingewiesen:

Zweimal empfängt Enite ein schönes Pferd, einmal beim
Aufbruch als Braut von einer Verwandten, das andere Mal von
den Schwestern des Guivreiz: jeweils zum Beginn der Reise in
eine neue Gemeinsamkeit mit Erek (wie denn überhaupt Enite
den Pferden nah ist, s. Scheunemann, Hugo Kuhn).

Zweimal wird Ereks Wunde aus dem ersten Guivreiz-Kampf
versorgt, einmal am Artushof, schließlich auf dem Lustschloß
des Guivreiz. Zweimal übernimmt Erek die Krone, einmal von
seinem Vater (I. Teil), das andere Mal nach dessen Tode und
nachdem er selber sich zum wahren Leben erweckt weiß.

Aus diesen und anderen Beobachtungen heraus hat HUGO KUHN für den ›Erek‹ die Struktur des „doppelten Kursus" konstatiert.

5. Gehalt*

Das Problem des ›Erek‹ ist der Konflikt zwischen *minne* und Ritterpflicht, zwischen Liebe und Herrscheramt. Ein spezifisch der sozial-ethischen Bewußtseinslage aristokratischen Denkens zu einem bestimmten Zeitpunkt in einem Teile Westeuropas zugehöriges Problem, das in leichter Abwandlung wieder Gegenstand der Kreuzlieder Johansdorfs oder Hausens wird, wo die Ritterpflicht in der spiritualisierten Form der Kreuznahme der Gegenpol der *Minne*pflicht ist: der Weg führt zur alles bestimmenden Grundfrage des rechten Lebens in dieser Welt (die immer auch die Frage ist des rechten Lebens für jene Welt).

(In trivialerer und 'säkularisierter' Form freilich ist dieses Problem eine Konstante jeglicher Gesellschaftsordnung zu jeglicher Zeit: Beruf und Familie.)

Welches ist nun die Lösung dieses Falles, wie ihn Dichter Frankreichs und Deutschlands in der 2. Hälfte des 12. Jhs begriffen?

Die Geschichte Ereks und Enites beginnt, wo Geschichten herkömmlicherweise enden: beim happy end der Hochzeit. Die Liebe zwar ist zu ihrem Ziel gekommen, aber nun zerbricht sie die wohlausgewogenen Ordnungen des gesellschaftlichen Systems, da sie in ihrer elementaren, totalen Form Besitz ergreift von den Menschen, in ihrer sinnlichen Vehemenz die klaren Gliederungen gemessenen Daseins überflutet und den Sinn der Ehe, die Verklärung des Kreatürlich-Elementaren, in dieser Ehe aufhebt (s. das Überwiegen des sinnlichen Elementes schon vor der Hochzeit: v. 1840–1886). Erek *verliget* sich, er *wente* sich *grôzes gemaches durch sîn wîp,* büßt das Recht auf alle Achtung ein, *verphlac aller êre.* Und so *sprâchen* sie *alle:* ˹*wê der stunt | daz uns mîn vrouwe ie wart kunt! | des verdirbet unser herre*˺ (diese Kernstelle: v. 2996–2998).

Die Aufgabe scheint klar: Es kann ein Verhalten, das in sich einen Wert darstellt, zum Unwert werden durch *unmâze,* wenn

* Unzulänglich isolierender Terminus, der indessen als Hilfsbegriff der Analyse nicht entbehrt werden kann.

es die Harmonie der Lebensordnungen zerstört und outriert wird. Im Falle Ereks handelt es sich bei diesem Wert um den einen Pol aristokratisch-höfischen Daseins: die *minne*-Liebe. Er gerät in Konflikt mit dem anderen: der fürstlich-ritterlichen Bewährung in der Öffentlichkeit. Mithin gilt es, diese ritterliche Bewährung zu demonstrieren, durch männliche Heldentat das gestörte Gleichgewicht wiederherzustellen und mit ihm die *êre*. In jedem Abenteuer der *Aventiuren*kette kann man also eine Spiegelung des Konfliktes erwarten, muß es als eine Funktion der Konfliktbewältigung zu verstehen suchen (wenngleich man von vornherein – bei der schon aus technischen Gründen weniger kalkulablen Methode des Dichtens in alter Zeit – damit rechnen muß, daß diese grundsätzliche Bedeutung des Einzelnen wohl angestrebt, aber nicht immer klar verwirklicht ist, zumal die Schichten vieler Traditionen sich überlagern, mischen, verblassen und unkenntlich werden). Es wird sich jedoch zeigen, daß die Funktion der *Aventiuren*folge nur vordergründig erkannt ist, wenn man sie lediglich auf die Wiederherstellung von Ereks Ritterehre vor der Zeugenschaft Enitens hin interpretiert. Enite muß vorausreiten, und sie soll schweigen bei Todesstrafe. Ist das brutale Willkür, läßt primitive männliche Empörung sich hier an einer Unschuldigen aus? Das Arrangement meint mehr, nämlich es bezeichnet die totale räumliche und akustische T r e n n u n g der beiden, deren totale S i n n e n e i n h e i t zur Katastrophe führte. In der Aufhebung der *Minne*gemeinschaft wird nunmehr mit gleicher Einseitigkeit jenes Leben gelebt, das durch das *Minne*leben verdrängt worden war. (In Enites kontrolliertem Schweigen spiegelt sich vielleicht auch ihr unkontrolliertes entdeckendes Selbstgespräch.) So reiten sie dahin, nicht mehr eines, sondern zwei. Was meint es, daß Enite ihr Schweigegebot bricht und warnt? Soll ihr Mangel an Beherrschung und Fügsamkeit vorgeworfen werden? Der Bruch des Gebots unter Lebensgefahr beweist, daß Enite ihren Mann liebt über Befehl und Gesetz hinaus. Was bisher als Geschenk genossen wurde ohne Maß und ohne Verpflichtung, muß sich nun in der Bewährung von *arebeit* und Gefahr, Qual und Not und außerhalb allen Lohnes, allen Genusses, aller Selbstsucht erst verwirklichen, ja herstellen.

An Ereks Sieg über die Räuber (in dem Schema S. 50, Nr 1)
bewährt sich seine Kraft, an der ›Galoein‹-Episode (2; Galoein
heißt der Graf bei Chrestien, bei Hartmann ist er namenlos)
Enites unverbrüchliche Treue – und dieser Akt korrespondiert
dem Oringles-Abenteuer (2a). (Daß Enitens Treue keiner Bewährung bedarf, ist eine andere Frage, auf die noch einzuge-
hen ist, s. S. 57 ff.) Der Kampf gegen Guivreiz (3): auch er
eine Demonstration von Ereks Heldenkraft, aber auf höherer,
ritterlicher Ebene, denn der Gegner ist ein König und kein
Räuber, und ihn überwinden heißt nicht ihn töten, sondern
einen Freund gewinnen. In diesem Kampf erleidet Erek jene
Wunde, die erstlich den Scheintod und die Niederlage im zweiten Guivreiz-Kampf motiviert (3a), die wohl aber letztlich
Ausdruck seines defizienten Zustandes ist: der Artushof kann
sie lindern, aber nicht heilen (4), denn er kann Ereks Fehl nicht
heilen; und die Wunde schließt sich erst in dem Aufenthalt auf
dem Schloß des Guivreiz (4a), nachdem Erek überwunden hat
und neu mit Enite vereint ist, so daß er als ein Geheilter das
Abenteuer von *Joie de la curt* bestehen kann. – Mit dem Cadoc-
Abenteuer (1a) setzt der zweite Kursus ein: wieder Sieg über
rohe Gewalt, aber diesmal nicht in eigener Sache, sondern zum
Schutze der Gequälten und Wehrlosen: in dem Maße, als der
Läuterungsweg sich dem Ende nähert, steigert sich auch der
sittliche Wert der Abenteuer. Erek entringt sich dem Zirkel
selbstgenügsamen Handelns, dem Gefängnis seiner Ichverhaf-
tung (sei es in Liebe, sei es in Heldentat) und nimmt in *arebeit*
tätig Teil an der Welt, in jenem vorbildlichen Sinne des Ritter-
amtes, der den Schutz der Armen und Schwachen erheischt.
Die Oringles-*Aventiure* (2a) ist doppelte Treuprobe. Erek ist
scheinbar tot, Zeichen tiefster Entfremdung des Menschen
von sich selbst. Er wird neu geboren, zu anderem Leben, wird
erweckt durch die Klage der Frau, die ihm über den Tod hinaus
die Treue hält. Er aber erwacht, weil er sie schützen will. Er
rettet sie und sich. Sie gehören einander nun in nicht geschenk-
ter, sondern erworbener Gemeinsamkeit, gehören einander neu
und endgültig. Mut und Heldentum der beiden Tapferen erwachsen ihrer Liebe, die harmonische Verbindung der beiden
die ritterliche Welt konstituierenden Kräfte kündigt sich an. –
Zuvor aber ist eine wiederum rein ritterliche Erprobung zu

bestehen, der 2. Kampf gegen Guivreiz (3a): *diz was Erecke nie geschehen* (v. 6926) – was meint die ungewohnte Niederlage? Zumal in einer Phase, da Erek schon wieder zu sich, zu Enite gefunden hat? Sie demonstriert, daß auch in Ereks *Aventiuren-weg unmâze* war, Hingabe an das Extrem, notwendige Einseitigkeit vielleicht – als Gegengewicht zur Einseitigkeit der maß-losen Liebe –, aber doch Einseitigkeit. Hier nun scheitert, der sich ihr ergab, der herrlichste der Helden wird gefällt. Aber ihm ist recht geschehen – er sagt es selber, als Freund Guivreiz sich zerknirscht entschuldigt: *ir enhabet an mir niht missetân | . . . sît daz ich tumber man | ie von tumpheit muot gewan | sô grôzer unmâze | daz ich vremder strâze | eine wolde walten | unde vor behal-ten | sô manegem guoten knehte, | dô tâtet ir mir rehte . . .* (v. 7009 ff.). Der hochfahrende Stolz, die rücksichtslose Vermessenheit des *âventiurenden* Ritters sind nicht minder Maßlosigkeit, nicht min-der Verstoß gegen die schöne Ordnung der ritterlichen Ideal-welt wie die ichbefangene Hingabe an die Liebe. Beides, um seiner selbst willen getrieben und genossen, nicht eingefügt in die Pflicht- und Rechtewelt des aristokratischen Menschen, ist böse. Wer nur liebt um des Liebesgenusses willen scheitert wie der, der nur um der Kampfeslust willen kämpft. Bezeichnender-weise hatte Erek den ersten Guivreizkampf nicht gewollt, son-dern sich gütlich zu vertragen gesucht – so siegte er. Jetzt aber verliert er, da er nur Sieg will. Die Rollen sind in diesen spie-gelnden Episoden 3 und 3a vertauscht: Guivreiz, damals von eitler Kampflust beherrscht, kämpft hier aus sittlichem Antrieb, um nämlich die Straße freizumachen, auf der er dem Freund zur Hilfe kommen will; Erek, damals zum Frieden gestimmt, kämpft hier aus bloßer Streitlust und besteht auf der Auseinander-setzung, obwohl er zu Tode ermattet ist. – Erek und Enite haben sich aus dem Meere gerettet, die Schiffbrüchigen haben *der genâden sant* erreicht (v. 7070 ff.), nun folgen 14 Tage der Er-holung auf dem Wasserschloß Penefrec (4a). Wieder signalisiert Hartmann mit leisen Zeichen: der zu sich heimgekehrte Erek wird nun in der Ganzheit seiner Person wiederhergestellt. Was der Besuch beim Artushof nicht vermochte (4), geschieht nun hier: die schwere Wunde schließt sich.

Der Weg ist abgeschritten, Erek und Enite sind am Ziel, es sollte die Heimkehr folgen. Da schiebt sich noch ein Abenteuer ein, das unheimlichste und schwerste von allen. Man hat gemeint, der Abschnitt könne fehlen ohne daß die Idee des Romans „die geringste Änderung erführe" (SPARNAAY). Das mag stimmen, indessen enthält dieses Abenteuer die Summe, die Moral, die Belehrung und Bestätigung.

Joie de la curt, ein wunderbarer Garten, ist von zwei Menschen bewohnt, die ihn falsch bewohnen. Man kann die Szenerie sagengeschichtlich deuten und hinweisen auf die Tradition des Märchens vom Feengarten. Für den ›Erek‹-Roman indes ist entscheidend die Funktion dieser „allegorischen Erzählung" innerhalb der Dichtung, wie HUGO KUHN sie herausgearbeitet hat. „Freude des Hofes" meint das Zentrum des ritterlich-gesellschaftlichen Wesens, das Kernfeld der 'Höfischen Kultur'. Hier ist es seines Wesens beraubt. Zwar ist das Paar geschmückt mit allen Farben höfischer Vollkommenheit, sie ist die Schönste (außer Enite, v. 8929), er ist Sieger über alle Gegner, *minne* und Rittertum stehen hier also – anders als einst in Karnant – in fruchtbarer Spannung zueinander – und dennoch ist hier ein Reich der Dunkelheit und Leere. Denn es verdorrt in selbstgenügsamer Abgeschlossenheit. *Joie de la curt, vreude* höfischer Gesittung kann nur gedeihen in der Verflechtung mit der Gesellschaft. So stellen der heldenhafte und fromme Ritter Mabonagrin und seine schöne Geliebte das perfektionistische Gegenbild zu Erek und Enite in deren ursprünglichem Fehlerstande dar, Vollkommenheit im Ausgleich der höfischen Werte – und dennoch ein schmerzliches Schauspiel des Versagens. In diesen beiden Menschen sind allegorisch die beiden höchsten die 'Höfische Kultur' darstellenden Werte verdinglicht, Heldentum und *minne*; in ihnen werden sie ad absurdum geführt. Denn dies ist die Botschaft von *Joie de la curt:* Die veredelnde Macht der *minne,* die Bewährung in ritterlicher Tapferkeit sind, mögen sie auch wohlabgewogen sein, nichtig, wenn sie nicht überführt werden in die Welt! „Freude des Hofes" kann nicht gedeihen in der Abgeschlossenheit, muß in die Welt gestrahlt und aus ihr wiederempfangen werden. Jetzt enthüllt sich auch die eigentliche Schuld Ereks und Enites in ihrer tiefsten Schicht: sie liegt nicht in dem Nachgeben gegenüber der Macht des einen der höfischen Wertbereiche als solchem, nicht in der *unmâze;* sondern in den Folgen: ihr Nachgeben gegenüber diesem höfischen Wertbereiche *minne*, ihre *unmâ*ʒ*e* sonderte sie ab von der Welt, sperrte diesen Wert in den isolierten Raum selbstbefangener Ichhaftigkeit, übertrug ihn nicht auf die der *vreude* bedürftige Gesellschaft. Nicht anders aber waren auch Ereks Heldentaten steril, bloße primitive Kraftdemonstrationen, sofern sie nicht der Hilfe, dem Schutz anderer galten. Das ist der Sinn seines Geständnisses, als er erstaunt von der langen Zeit hört, die der von ihm besiegte Mabonagrin hier verbracht hat: *wan bî den liuten ist sô guot* (v. 9438): Wir gehören in die Welt!

Der erste Dichter des höfischen Romans in deutscher Sprache, der erste epische Verkünder dieser exklusiven und subtilen Adelskultur gibt seinem ersten Roman eine soziale Programmatik! Gibt ihm damit zugleich eine kritische Programmatik, eine Warnung vor der Verabsolutierung dieser höfischen Ideologie, vor ihrer Erstarrung in einer Formwelt leerer Etikette, bloßer Schale. Hartmann zieht die Konsequenz aus seiner Verkündigung, indem er sogleich die soziale Funktion ritterlichen Heldentums vorführt: Mit dem Sieg über den höfischen Überritter Mabonagrin ist die Erlösung der (wie gesagt bei Chrestien fehlenden) 80 gefangenen Witwen verbunden. Diese den heutigen Leser leicht kurios anmutende Episode führt in den Kern der ritterlichen Ethik. Die biblische Forderung nach dem Schutz der Armen, Kranken, Witwen und Waisen hat geradezu eine den Ritterstand begründende Funktion gehabt. Dreifach die Erlösung: Erek kann die beiden Liebenden, kann die 80 Frauen erlösen, weil er sich erlöst hat. Die Befreiung der Achtzig ist die Tat, in der sich die durch das *Joie de la curt*-Abenteuer verkündete Erek-Botschaft verdinglicht. Jetzt kann Erek als Repräsentant der „Höfischen Freude" an Artus' Hof einkehren und ihn zu einem *Curt de la joie* machen, kann dem Hof der Freude die Freude des Hofes zuführen. In dem Wechsel der Kleider, des Witwenschwarz gegen Bunt verwirklicht sich die Wandlung von Trauer in *vreude*; *vreude* die nur gedeiht auf dem Boden der *erbermde*; eines christlichen Erbarmens, das nicht in der Klage besteht, sondern in der ritterlich helfenden Tat.

Es bleibt noch eine Frage: die nach Enite. Genauer: welcher Schuld Enitens entsprechen die Qualen und Entbehrungen, die Demütigungen und Gefahren ihrer Reise? Die Antwort der Forschung zeugt von Verlegenheit. Erek wolle, heißt es z. B., seine Frau auf die Probe stellen, ihre Liebe prüfen. Wie bedurfte es dessen? Oder Enite sei schuldig, insofern sie es habe fehlen lassen an der erzieherischen Aufgabe, die der liebenden Frau in ihrer Liebe gestellt ist. Hieße das nicht eine unangemessene Forderung an das kindliche Mädchen, das ihrem Traumprinzen in Liebe einfach gefolgt ist? Stehen solche und ähnliche Erwägungen nicht unter dem Zwang des Syllogismus: da Enite offenbar büßt, muß dieser Strafe doch eine Schuld vorausgehen. Hartmann selbst äußert sich anders. Als das Paar nach dem Oringles-Abenteuer Schloß Limors gemeinsam auf einem Pferde verlassen hat, da bittet Erek seine Frau um Verzeihung. Er gibt jetzt, sagt der Dichter, seine wunderliche und bittere Prüfungsmethode auf, *der er ... mit ir âne sache phlac,* ohne Grund und Anlaß. Und zwar war *ez ... durch versuochen getân | ob si im wære ein rehtez wîp* (v. 6774 ff.). Er glaubte also ihre Liebe und Treue erproben zu müssen. Der, dem Bewährung auferlegt ist, glaubt Bewährung von andern fordern zu müssen? Wo denn liegt Anlaß zum Zweifel an Enitens Liebe? Ihr einziges Fehl mag man in der Grenzenlosigkeit dieser Liebe sehen. Dem modernen Verständnis scheint hier ein Lehrbuchfall von Verdrängung vorzuliegen. Nachdem er nun festgestellt hat – was keiner bedeutenden Anstrengung bedurft hätte –, daß *er an ir hæte | triuwe unde stæte | unde daz si wære | ein wîp unwandelbære* (v. 6788 ff.), da wird er seiner Schuld inne, bittet um Vergebung, verspricht Besserung – und sie verzeiht. Mit keinem Wort also bucht Hartmann eine Schuld Enitens. Er stellt lediglich fest, daß Erek sie zu erproben sich bemüßigt fühlte. Chrestien hat die Szene wohl anders akzentuiert, denn er hält es für notwendig, Enide durch Erec entschuldigen zu lassen: Roques v. 4880 ff. (bes. 92). Offenbar hat sich hier eine Vermischung zweier Motivreihen ergeben, die nicht ohne Rest gegeneinander abgeklärt sind: die von einer weiblichen Liebesprobe mit der einer männlichen Ritterbewährung. Innerhalb des faktischen Handlungsablaufs trifft Enite freilich eine Mitverantwortung und in der Noblesse ihres Herzens gibt sie sich Schuld (v. 5940 ff.): In kausal-mechanischem Sinne war ihr Klagemonolog in der Tat der Anlaß zu jener Bußreise – aber er war nur Symptom der letzten, nicht mit Enite gleichzusetzenden Ursache.

Ursprünglich also flocht sich die Abenteuerkette aus zwei

Strängen: der eine galt der Ritter-, der andere der Treueprobe; und rudimentär ist dieses 2. Motiv auch in der Gestaltung durch Hartmann noch spürbar, über das Bild des Helden, der sich *verlac,* schieben sich zuweilen die diffusen Konturen des anderen von der Frau, die untreu war. (Dies ist auch wohl der Sinn der dunklen Vermutung *si vorhte daz si würde gezigen | von im ander dinge* . . . v. 3045 ff.). Diesem in den überlieferten höfischen Fassungen apokryphen Untreue-(Eifersuchts-)Motiv dienen insbesondere die ›Galoein‹ - und die Oringles-Episode. So erklärt sich, daß die Abenteuerfahrt „nicht aus einem Guß" ist: „Zwei verschiedene Reihen, eine mit der vermeintlichen Schuld Enidens als Grundmotiv, die andere zur Widerlegung des Verdachts der Unmännlichkeit Erecs, sind . . . zusammengeschweißt worden" (Sparnaay).

An der stofflich märchenhaften Ausführung des alten Treuproben-Motivs ist der Sagenkomplex von der 'Armen Heirat' (des Königssohnes) beteiligt, den wir nach seiner bekanntesten poetischen Ausformung den Griseldisstoff nennen (zuerst von Boccaccio, dann von Petrarca gestaltet), in dem Demut und Gehorsam der jungen Frau auf die härteste Probe gestellt werden und der in vielen Abwandlungen zu den beliebtesten Motiven der Weltliteratur gehört (innerhalb der deutschen Tradition sei nur an den ›Armen Heinrich‹ und an das »Käthchen von Heilbronn« erinnert). Über dieses traditionsgemäß die Probekette hinter sich herziehende Motiv der 'Armen Heirat' ist also der erste Teil des Romans mit dem zweiten verbunden, die übrigens in der uns vorliegenden Fassung innerlich nicht verfugt sind.

Von sonstigen Märchenmotiven, die aus tieferen Schichten in diese Kunstpoesie deutlich oder versteckt hineinragen, seien wenigstens genannt: das Schweigegebot; der Zwergenkampf; die Jagd auf den weißen Hirsch; der Freundeskampf; das Wiedergängermotiv; Befreiung der Gefangenen; der Feengarten.

(Später exculpiert Hartmann Enite noch einmal ausdrücklich, als ihn der Zwang der Vorlage nicht mehr bekümmert: im ›Iwein‹ v. 2859–2889.)

Von der Frage nach Enitens 'Schuld' her nähern wir uns noch einmal der Botschaft des Werks. Nicht weil sie schuldig ist, muß sie auf die Leidensfahrt. Wohl aber haben diese Dichter, das alte Treuprobenmotiv unwillig mitschleppend, ihm einen neuen Sinn verliehen: Ereks und Enites Liebe war nicht 'wirklich', nicht errungen, sondern rasch erworben, nicht verdient, sondern schnell gewährt, hatte keine steigernde und läuternde Kraft, war nicht in *arebeit* zum eigenen Besitz geworden, begrenzte sich in ichhaftem Selbstgenuß – nunmehr muß sie sich 'erproben', müssen ihre Träger ihre großen Gaben in die Welt tragen und sich ihr stellen: Schönheit (als Ausdruck sittlichen Wertes) und Heldentum (als Ausdruck sittlich empfundener Ritterschaft) widmen sich dem Dienst. Aus der elementar gelebten gesellschaftsfeindlichen Triebliebe wird die Gemeinsamkeit der Eheliebe, die als solche Teil hat an der Gesellschaft, Dienst ist an der Welt.

Literatur:

Editionen: 1839 durch MORIZ HAUPT, 2. (verbess.) Aufl. 1871. – 1867 durch FEDOR BECH im 1. Bd seiner Gesamtausgabe, [4]Nachdruck 1934. – 1898 Wolfenbütteler Bruchstück des Erec durch OTTO VON HEINEMANN in: ZfdA 42, 1898, S. 259 – 267. – 1948: neu entdeckt: Wiener Bruchstück (v. 10097 – 10135) durch K. VANCSA, Jb. f. Landeskunde von Niederösterr. NF 29, S. 411 – 415. – 1933 durch HANS NAUMANN in ›Deutsche Literatur in Entwicklungsreihen‹, Höfische Epik, Bd 3 (zus. mit ›Iwein‹, ed. v. HANS STEINGER). – 1939 durch ALBERT LEITZMANN im Bd 39 der › Altdt.Textbibl.‹ [5]1972 bes. v. LUDWIG WOLFF. – 1967 durch ERNST SCHWARZ: Text, Nacherzählung und Worterklärungen. (Rez. MANFRED GÜNTER SCHOLZ, Germanistik 9, 1968, S. 325.) – 1971 durch FRANZ HUNDSNURSCHER, ULRICH MÜLLER [u. CORNELIUS SOMMER] der Reihe ›Litterae‹. Göppinger Beiträge zur Textgeschichte (Heft 31): Hartmann von Aue. Erec. Abbildungen der gesamten handschriftlichen Überlieferung.

HANSJÜRGEN LINKE, Gegenwärtiger Bestand an Handschriften der Erzählungen Hartmanns von Aue. In: Beitr. (W). 86, 1964, S. 322–337.

ALBERT LEITZMANN, Die Ambraser Erecüberlieferung. In: Beitr. 59, 1935, S. 143–234.

Übersetzung: zuletzt REINHARD FINK 1939 (in Prosa) und THOMAS CRAMER, mhd. Text und Übertragung, Frankfurt 1972 (= Fischer Bücherei 6017).

In den S. 2f. genannten Literaturgeschichten: EHRISMANN S. 161 bis 172; SCHWIETERING S. 153–156; DE BOOR S. 69–74; SPARNAAY Bd I S. 63–125; MAURER, Leid, S. 42–50; KARL BERTAU,

Bd I S. 562–566 (Deutscher und französischer Artusroman gegen 1180).

Ernst Scheunemann, Artushof und Abenteuer. 1937: Repr. Nachdruck Darmstadt 1973.

Herbert Drube, Hartmann und Chrétien. 1930.

Hugo Kuhn, Erec. In: Festschrift Kluckhohn-Schneider 1948, S. 122–147; wiederabgedruckt in: H. K., Dichtung u. Welt im Mittelalter, 1959, S. 133–150.

Siegfried Gutenbrunner, Über die Quellen der Erexsaga. In: Herrigs Archiv 190, 1954, S. 1–20.

H. Bernhard Willson, Sin and Redemption in Hartmann's ›Erec‹. In: The Germanic Review 33, 1958, S. 5–14.

Pentti Tilvis, Über die unmittelbaren Vorlagen von Hartmanns ›Erec‹ und › Iwein ‹, Ulrichs › Lanzelet ‹ und Wolframs › Parzival ‹. In: Neuphilolog. Mitt. 60, 1959, S. 28–65, 129–144 (noch nicht abgeschlossen).

Arthur T. Hatto, Enid's best dress. A contribution to the understanding of Chrétien's and Hartmann's Erec and the Welsh Gereint. In: Euph. 54, 1960, S. 437–441.

Rolf Endres, Studien zum Stil von Hartmanns Erec. 1961.

Petrus W. Tax, Studien zum Symbolischen in Hartmanns ›Erec‹. In: ZfdPh. 82, 1963, S. 29–44.

Peter Wiehl, Zur Komposition des ›Erec‹ Hartmanns von Aue. In: WW 22, 1972, S. 89–107.

Marianne Wünsch, Allegorie und Sinnstruktur in ›Erec‹ und 'Tristan'. In: DVjs. 46, 1972, S. 513–538.

René Pérennec, Adaptation et Société: l'adaptation par Hartmann d'Aue du roman de Chrétien de Troyes, Erec et Enide. In: Etudes German. 28, 1973, S. 289–303.

Gertrud Höhler, Der Kampf im Garten. Studien zur Brandigan-Episode in Hartmanns ›Erec‹. In: Euph. 68, 1974, S. 371–419.

Ursula Peters, Artusroman und Fürstenhof. Darstellung und Kritik neuerer sozialgeschichtlicher Untersuchungen zu Hartmanns Erec. In: Euph. 69, 1975, S. 175–196.

Literatur zur Artus-Dichtung und der Fülle ihrer gelehrten Probleme kann hier so wenig gegeben werden, wie die Sache selbst in der Darstellung nur gestreift werden konnte. Verwiesen sei auf: Karl Otto Brogsitter, Artusepik, 1965. (Sammlung Metzler. 38); ferner auf: Reto Bezzola, Le sens de l'aventure..., Paris 1947, deutsch (gekürzt) 1961 (bei Brogsitter S. 16, 40).

Erich Köhler, Ideal und Wirklichkeit in der höfischen Epik. 1956

Maria Bindschedler, Die Dichtung um König Artus und seine Ritter. In: DVjs. 31, 1957, S. 84–100.

Roger Sherman Loomis (Hrsg.), Arthurian Literature in the Middle Ages. A collaborative History. Oxford 1959.

Petrus W. Tax, Studien zum Symbolischen in Hartmanns Erec. Erecs ritterliche Erhöhung. In: WW 13, 1963, S. 277–288.

Antonín Hrubý, Die Problemstellung in Chrétiens und Hartmanns ›Erec‹. In: DVjs. 38, 1964, S. 337–360.

Michel Huby, L'approfondissement psychologique dans ›Erec‹ de Hartmann. In: Etudes Germ. 22, 1967, S. 13–26.

Kurt Ruh (s. o. S. 3), S. 112–137.

Petrus W. Tax, Der Erec Hartmanns von Aue, ein Antitypus zu der Eneit Heinrichs von Veldeke? In: Helen Adolf Festschrift. 1968, S. 47–62 (nicht überzeugend).

Marion Strafford Ives, Der Begriff ›êre‹ in Hartmanns Erec, Diss. Bryn Mawr College 1968.

Uwe Ruberg, Bildkoordination im Erec Hartmanns von Aue. In: Gedenkschrift für W. Foerste. 1970, S. 477–501.

Thomas Cramer, Soziale Motivation in der Schuld-Sühne-Problematik von Hartmanns ›Erec‹ In: Euph. 66, 1972, S. 97–112.

Joachim Schröder, Zu Darstellung und Funktion der Schauplätze in den Artusromanen Hartmanns von Aue. (Mit [engl.] summary) 1972. (= Göppinger Arbeiten zur Germanistik 61). – Rez.: Horst Wenzel, Germanistik 13, 1972, S. 376–377.

Barbara Thoran, Diu ir man verrâten hât – Zum Problem von Enîtes Schuld. In: WW 25, 1975, S. 255–268.

Rodney Fisher, Erecs Schuld und Enitens Unschuld bei Hartmann. In: Euph. 69, 1975, S. 160–174.

Zum Verhältnis Erek – Parzival:

Rüdiger Schnell, Literarische Beziehungen zwischen Hartmanns ›Erec‹ und Wolframs ›Parzival‹. In: Beitr. (Tüb.) 95, 1973, S. 301–332.

Dieter Peil, Die Gebärde bei Chrétien, Hartmann und Wolfram. Erec-Iwein-Parzival. 1975 (= Medium Aevum. Philologische Studien 28). (Geht von einem gleichartigen »Gebärdenkanon« bei allen drei Dichtern aus).

VII. Iwein

1. Überlieferung

Erhalten sind: Insgesamt 25 Handschriften, davon 10 fragmentarisch. Ihr Entstehungsraum dehnt sich über rund 300 Jahre, die älteste (B, Gießen) stammt noch aus dem Anfang des 13. Jhs, die jüngsten gehören ins 16. Jh. Der Zusammenhang ist nicht bis ins Letzte durchsichtig; es ist nicht gelungen, die vielen Handschriften einander zuzuordnen und ihre Entwicklung in einem Stemma überschaubar zu machen. Das aber heißt: es ist nicht möglich, bei der Textherstellung einem durch die Überlieferungsverhältnisse gebotenen Prinzip der jeweiligen Lesartenbewertung zu folgen. Das wiederum heißt: es wird kaum möglich sein, durch Vergleich und Auswahl den originalen Wortlaut bis in die Einzelheit wiederzugewinnen. LACHMANN gründete seinen Text auf A, der seiner Meinung nach ältesten Handschrift (Heidelberg, 13. Jh.), die er für isoliert hielt. Mithin folgte er der textkritischen Grundregel, ihren Wortlaut überall da für original anzusetzen, wo sie mit der übrigen Überlieferung übereinstimmt. HENRICI berücksichtigte B stärker (die in Wirklichkeit älteste Handschrift), STEINGER zweifelt die isolierte Position von A an, hält aber daran fest, daß A und B nicht verwandt, sondern als die reinsten Vertreter zweier Überlieferungszweige anzusehen sind, die bei Übereinstimmung mit hoher Wahrscheinlichkeit den Urtext liefern. Die insgesamt nicht deutlichen Überlieferungsverhältnisse mögen durch starke Vermischung zu erklären sein, vielleicht auch dadurch, daß die Handschriften auf verschiedene Originale, auf mehrere Redaktionen also, deren jede 'echt' war, zurückgehen. Es gilt für diese Frage, was insgesamt für die Erarbeitung des ›Iwein‹ gilt: Dieses „am besten überlieferte und wirkungsreichsteWerk" Hartmanns hat die Forschung am wenigsten angezogen (FRIEDRICH NEUMANN). Die Feststellung, die HENRICI vor 70 Jahren machte, ist auch heute nicht überholt (und kann vielleicht nicht überholt werden): Man könne hoffen, den Text so zu bieten, „wie ihn ein gebildeter leser zu anfang des 13. jahrhunderts als Hartmanns werk kennen lernte, und wie er als hervorragendes bildungsmittel auf geschmack, geist und sprache unseres volkes eingewirkt hat. ob aber diese im allgemeinen und in allen einzelnen fällen wirklich des dichters eigene arbeit ist, dafür möchte der herausgeber keine bürgschaft übernehmen".

Der Reichtum der Überlieferung ist in sich schon eine histo-
rische Aussage. Er beweist, daß der ›Iwein‹ offenbar stark ge-
wirkt hat, stärker als jedes der anderen Werke Hartmanns, und
das wiederum beweist, daß dieses Epos als in seiner Art vor-
bildlich empfunden wurde, als Muster und Exempel, vollkommene Erfüllung des Artus-Themas. Seine Klarheit und Durch-
sichtigkeit im Formalen, das „Kristalline“, die leichte Sicherheit des Ausdrucks, die ungezwungene Ordnung und Führung
von Metrum und Reim ließen Zeitgenossen wie Nachfahren
den ›Iwein‹ als Meisterwerk empfinden (auf dessen sprachliche
Norm hin sogar andere große Dichtungen durch Redaktoren
und Schreiber umgearbeitet wurden). Im Sinne vollkommener
Überführung des Ideals der *mâze*, des Ausgleichs, der Harmonie in die Gefälligkeit schwerelos gefügter Worte ist der ›Iwein‹
'klassisch' zu nennen, „das klassische Werk der hochhöfischen
staufischen Zeit“ (DE BOOR).

2. Stoffgeschichte

Mit dem historischen Owen (Owein) des 6. Jhs, einem Sohne
des Königs Urien und Helden der Kymren, hat der Roman-
held allenfalls durch Zufall etwas gemein. Zur Ausbildung der
den Namen des Vorzeitkriegers verewigenden Geschichte kam
es wie in all den anderen Stoffkomplexen der *Matière de Bre-
tagne:* um einen festen Kern der Tatenruhm-Erinnerung und
eines Namens kristallisierten sich Mythen, Sagen und Märchen,
Anekdoten und Splitter der Historie, bis schließlich das Ge-
bilde in die Artusmaterie eingeschmolzen und als Form greif-
bar wird. Die Stationen dieses Weges zu verfolgen verbietet
sich schon deshalb, weil sie zumeist aus Vermutungen bestehen
und den rekonstruierenden Bemühungen anderer Fachgebiete
zugehören. Hier sei nur hingewiesen auf einiges faktisch Vor-
handene: das Mabinogi von ›Owen und Lunet‹ (geht mit Chrestien auf eine gemeinsame Vorstufe zurück? Hat aber auch
Chrestien benutzt? SPARNAAY II, S. 31); die nordische ›Ivens-
Saga‹ und das mittelenglische Gedicht von ›Ywain and Ga-
wain‹, die beide von Chrestien abhängen – nicht anders als
Hartmann (der eine der Handschrift G nahestehende Redaktion von Chrestiens ›Yvain‹ benutzt hat, s. SPARNAAY II,

S. 45 f.). Die postulierten anglonormannischen Vorstufen (A und B; SPARNAAY II, S. 19–30) führen schließlich auf die ungeklärte große Frage nach den Quellen Chrestiens: Lagen ihm bereits dichterische Romangebilde in seiner Sprache vor, oder war er der erste, der rohen Stoff in Form und Sinn verwandelte?

Zu den wesentlichen Substraten der Erzählung von Iwein gehören das Reich der Feen und ihrer Sagen, die tief verwurzelt sind im Totenglauben der keltischen Phantasie. Der Verlockungszauber zwar ist ein internationales Mythenmotiv, indessen hat das keltisch-irische Erzählgut ihn sorgfältiger konserviert als andere Kulturbereiche. Feen sind göttliche Wesen, die auf Inseln wohnen oder in Quellen und Flüssen und die den Menschen in ein Land locken, aus dem nur selten ein Wanderer wiederkehrt. Zuweilen freilich geben sie ihn wieder frei, zuweilen auch muß der Sterbliche wieder zurück. Oder die Fee betritt aus Sehnsucht das Land der Menschen, kehrt betrogen in ihr Reich zurück – der Mann aber, den sie liebt, muß sterben. Die Geister und Figuren dieser Phantasiewirklichkeit schweben bis heute durch Märchen und Gedichte und leben in der Loreley und in Kalypso, in Frau Holle und der Venus der Tannhäusersage, in Melusine, Undine und Lilofee; und sie verschwistern Traum, Liebe und Tod, ja machen eines aus ihnen. Innerhalb des von diesen Grundformen gebildeten Raumes spielen eine Reihe von Figuren und Motiven als ständige Requisiten mit: da ist die Fee, die des Mannes Wunden heilt (Tristan, Erek, Iwein); da ist der Wächter, gegen den der Mann den Eintritt ins Feenreich erkämpfen muß (Tristan gegen Morolt, Erek gegen Mabonagrin, Iwein gegen Askalon, Gawan gegen Gramoflanz). Da sind Helfer der Verlockung: ein weißer Vogel bei Hänsel und Gretel, ein wilder Hirte im ›Iwein‹; oder helfende Warner wie die Bewohner um die Burg Brandigan (im ›Erek‹) oder um die Burg zum Schlimmen Abenteuer (im ›Iwein‹). Der Locus amoenus des Zauberbrunnens im ›Iwein‹ ist Feenlandschaft, Laudine entstammt ursprünglich dem Geschlecht der Wassernixen (und hat von deren Kälte ein gut Teil bewahrt), als Wächter figuriert der Herr und Ehemann. Die Torbrücke mag an die Brücke ins Totenreich erinnern, und die Auflage, nach einem Jahr zurückzukehren, entspricht der Bedingung, die immer an die Erlaubnis der Fee geknüpft ist, ins frühere Leben zurückzugehen. Wahnsinn, Herumirren in der Wildnis, Tiere die sich dem Menschen gesellen – all dies und mehr, keltischem und internationalem Erzählgut entstammend, bewegt und bewegend, wirkt im Gefüge des ›Iwein‹-Romans mit. Erwähnt seien schließlich noch der Typ der Confidente (Zofe), der des Boten aus dem Zauberreich (Cundrie; Laudines Botin), der des Kampfes zwischen einander nicht erkennenden Freunden (Erek-Guivreiz; Iwein-Gawein; Parzival-Gawan; Parzival-Feirefiz; mit tragischem Ausgang: Parzival-Ither); das Motiv von der Befreiung der Dame (geradezu konstitutiv für die Artusdichtung); das von dem unsichtbar machenden Ring (s. Gyges; vgl. Tarnkappe). Endlich das den ›Iwein‹ bestimmend charakterisierende Motiv von der ʿLeichtgetrösteten Witweʾ (»Matrone von Ephesus«, von Petronius über Lessing bis zu Christopher Frys »A Phoenix too frequent« immer wieder Anlaß für männliche Dichter, sich über das Wesen weiblicher Treue zu verbreiten) – ein Motiv, das hier mit einem anderen verschmilzt, dem von der Ehe mit dem Gattenmörder (Klytemnaestra-Aegisth, das Königspaar in »Hamlet«; unwissentlich: Jokaste-Oedipus. In dem damals hochberühmten ›Roman de Thèbes‹ jedoch aus der Mitte des 12. Jhs weiß Jokaste, wen sie heiratet! Chrestien hat das Gedicht natürlich gekannt). Die ›Iwein‹-Variante: Mörder und Witwe verlieben sich ineinander nach der Tat.

3. Hartmanns ›Iwein‹ und Chrestiens ›Yvain‹

Die Quellenfrage des ›Iwein‹ wirft – im Gegensatz zum ›Erek‹ – keine Probleme auf: Hartmann folgt mit einem hohen Maß von Genauigkeit, einem geringen an Abweichungen, Chrestiens Löwenritterroman. Nebenquellen mit einem bemerkenswerten Maß von Einwirkung sind nicht feststellbar. Hartmanns Gedicht ist um 1351 Verse umfangreicher als Chrestiens (8166 Verse gegen 6815). Die Erkenntnis, daß Hartmann grundsätzlich dem ›Yvain‹ folgt, macht es methodisch zur Pflicht, jegliche Abweichung als absichtlich und bewußt anzusehen und sie nach ihrer Funktion zu befragen. Vorerst genüge die Feststellung, daß – wie nicht anders zu erwarten – die Tendenz Hartmanns grundsätzlich in die Richtung der

Ebnung, Dämpfung und Glättung zielt, daß er das Einzelne und Besondere zum Allgemeinen und Verbindlichen zu steigern versucht, daß er dem Maß, der *temperantia,* dem Musterhaften und Didaktisch-Sentenziösen huldigt. „Hartmanns Iwein erscheint neben Chrestiens Werk wie ein sorgsam zurechtgestutzter und gepflegter Baum neben einem wild ins Kraut gewachsenen, der im Winde sich wiegt. Die Frage, welches Werk besser sei, ist sinnlos. Die beiden Dichtungen stellen eben verschiedene Kunstformen dar" (SPARNAAY II, S. 48).

4. Aufbau und Komposition

Handlungsschema:

Vorgeschichte: Der Artusritter Kalogreant berichtet von einem mißglückten Abenteuer bei einem Zauberbrunnen.

Erster Teil: Iwein, ein Verwandter des Kalogreant, fühlt sich durch dessen Erzählung seinerseits zum Bestehen des Abenteuers berufen. Er besiegt den Herren des Brunnens und Landes, den König Askalon, verwundet ihn, setzt dem Fliehenden nach, trifft ihn auf der Zugbrücke seiner Burg mit einem tödlichen Hieb und wird durch die vor und hinter ihm herabrasselnden Fallgitter gefangen. Lunete, Zofe der Königin, gibt ihm einen unsichtbar machenden Zauberring, so daß die Burgbewohner nicht Rache nehmen können für den Tod ihres Herrn. Er aber fällt in Liebe zu der Frau des von ihm Erschlagenen. Mit einem Meisterstück diplomatischer Überredungskunst gelingt es Lunete, ihre Herrin Laudine zur Heirat mit Iwein zu überreden. In die Harmonie dieser neugegründeten Welt bricht der Verführer ein: Freund Gawein erinnert an die schönen gemeinsamen Erlebnisse der Junggesellenzeit, Turniere und *âventiure,* und mahnt an das Schicksal jenes Erek als schreckendes Beispiel. Laudine gibt Iwein schweren Herzens frei unter der Bedingung, daß er genau nach einem Jahr wieder zurückkehre.– Die Szene ist Karidol, der Artushof. Iwein fällt plötzlich in tiefes Sinnen und Sehnen: er hat den Termin verpaßt. Die Botin der Königin, Lunete, verflucht ihn in aller Öffentlichkeit und bezichtigt ihn der *untriuwe,* des Verrats.

Zweiter Teil: Iwein, „durch sich selber umgebracht", verfällt dem Wahnsinn und irrt wie ein Tier durch die Wildnis, bis mitleidige Hände ihn mit einer Zaubersalbe heilen. Es folgt nun die *Aventiuren-kette* des eigentlichen Iwein-Wegs:

Iwein befreit die Frau von Narison von einem Belagerer.

Iwein befreit einen Löwen und tötet den gegnerischen Drachen. Das dankbare Tier weicht nicht mehr von Iweins Fuß, der nunmehr der *Chevalier au lion* ist, der Ritter mit dem Löwen.

Iwein wird in sein eignes Land verschlagen, findet die seiner *untriuwe* halber des Verrates angeklagte Lunete als Gefangene, verspricht, für sie im Gerichtskampf anzutreten. Zuvor aber:

Iwein befreit einen Burgherren und seine Familie aus der Gewalt des brutalen Riesen Harpin. Dort erfährt er:

die Geschichte von der Entführung der Gattin des Artus.

Iwein befreit – unerkannt am eigenen Hofe – im Gerichtskampf Lunete.

Iwein pflegt den verwundeten Löwen 14 Tage auf einer Burg. Er verspricht der jüngeren Tochter des Grafen vom Schwarzen Dorn seine Hilfe im Gerichtskampf.

Iwein befreit durch den Sieg über zwei Riesen 300 weibliche Geiseln auf der Burg zum *Schlimmen Abenteuer* (*Pesme avanture* bei Chrestien).

Iwein befreit im Gerichtskampf am Artushof (unerkannt gegen den unerkannten Gawein streitend) die jüngere Tochter des Grafen vom Schwarzen Dorn von dem rechtswidrigen Anspruch der älteren Tochter.

Iwein kehrt heim in sein Reich und versöhnt sich mit Laudine.

Es ist grundsätzlich zu unterscheiden zwischen tektonischen Formen, in die der Dichter den Stoff bewußt eingerichtet hat, und kompositionellen Strukturen, die dem Stoff als solchem immanent sind. Gerade jene 'immanenten Strukturen' ermöglichen naturgemäß eine Gliederung in unterschiedlichen Formationen, je nach dem Blickpunkt des Betrachtenden. Man darf behaupten, der Artusroman, wie Chrestien ihn geschaffen, Hartmann ihn übernommen hat, sei prinzipiell zweiteilig: Der 1. (kürzere) Teil dient der Darstellung einer Welt der Scheinharmonie, der 2. (Haupt-)Teil bringt die Katastrophe mit dem klärenden *Aventiuren*weg und der Einkehr in die Welt wahrer Harmonie. Dieses Schema wird nicht zerstört, wenn man es in drei Teile auflöst: Exposition und Welt des Scheinglücks – Katastrophe und *Aventiuren*weg – Heimkehr und Einkehr. Weiter hat man (VORETZSCH, SPARNAAY) die Fünfteiligkeit des Handlungsaufbaus als das alle Romane Chrestiens bestimmende Gliederungsprinzip erklärt. Ein Versuch, dieses Muster auf den ›Iwein‹ anzuwenden, führt zu der klärenden Unterteilung:

I: (Exposition:) Artuswelt; Vorfall der Anlaß gibt zu:

II: (schein)glückbringender *Aventiuren*kette, Ergebnis: Braut und Reich.

III: Katastrophe, Schuld, Anklage.

IV: Entsühnende *Aventiuren*kette, Ergebnis: Einkehr in die

V: (Schluß:) Welt der wahren Harmonie.

(Ähnlich ließe sich z. B. auch Wolframs ›Parzival‹ gliedern.)

Eingedenk dessen, daß ein geistiger Komplex von verschiedenen Blickwinkeln aus gegliedert werden kann, vermerken wir, daß sich der *Aventiuren*weg Iweins in rhythmisch klare Gruppierungen ordnen läßt:

Befreiung	(der Dame von Narison)
Befreiung	(des Löwen)
HILFSZUSAGE	(an Lunete)
Befreiung	(der Burg vom Riesen Harpin)
Befreiung	(der Lunete im Gerichtskampf)
HILFSZUSAGE	(an die jüngere Gräfin vom Schwarzen Dorn)
Befreiung	(der 300 Geiseln der Burg zum *Schlimmen Abenteuer*)
Befreiung	(der jüngeren Gräfin vom Schwarzen Dorn im Gerichtskampf).

(Doch verweise ich auf das erweiterte und inhaltlich präzisierte Schema der Aventiuren-Folge im ›Iwein‹ bei THOMAS CRAMER, s. u. S. 80).

Die Befreiungsabenteuer sind in Zweiergruppen formiert, und diese drei Zweiergruppen werden in ihrem Verhältnis zueinander artikuliert durch die beiden Hilfsversprechen. Das ist ein klarer Ablauf, und seine Klarheit macht nun auch das Wesen der *Aventiuren*kette selbst deutlicher, die ein einziger Weg der Hilfe, Befreiung, Erlösung anderer ist.

Die Ordnung wird nicht zerstört, sondern lediglich ergänzt, wenn man in die Mitte der mittleren Zweiergruppe die Episode vom Raub der Königin einschiebt, die zwar keine *âventiure* Iweins ist, ihm aber berichtet wird, und der mancherlei Rätsel anhaften: Von Chrestien hat Hartmann sie nicht, dort wird sie nur mit 22 Versen gestreift. Hartmann macht daraus eine Erzählung von fast 200 Versen. Zu welchem Zweck? Kompositionstechnisch jedenfalls wird hier ein anderes Gliederungsprinzip deutlich: das der Schachtelung. Die Befreiung Lunetes beginnt mit ihrer Entdeckung im Kapellen-Gefängnis, wird unterbrochen durch das Harpin-Abenteuer, das seinerseits unterbrochen wird durch die Erzählung vom Raub der Artus-Gattin. Dann Abschluß des Harpin-Abenteuers, dann Abschluß des Luneten-Abenteuers. Also:

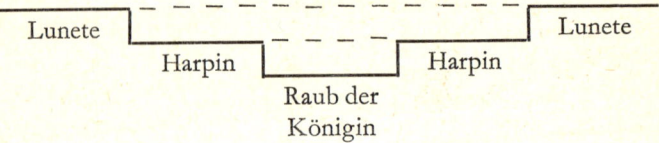

Ähnlich wird in die Hilfsaktion zugunsten der jüngeren Tochter des Grafen vom Schwarzen Dorn die Burg zum *Schlimmen Abenteuer* hineingeschachtelt.

Einer anderen Möglichkeit des Gliederns wiederum entspricht die Zuordnung des letzten Gerichtskampfes (gegen Gawein) zur öffentlichen Verfluchung: vor der Zeugenschaft des Artushofes als der die ritterliche Welt schlechthin repräsentierenden Instanz war Iwein verflucht worden. Im Bild des Wahnsinns, der totalen Ich-Entfremdung, verwirklicht sich seine Ausstoßung. Nun kehrt er zurück, bewährt sich im Rechtskampf als dem herrlichsten Ritter ebenbürtig, ist wieder bei Artus, bei sich, kann heimkehren. – Nehmen wir indessen den ersten Aufbruch hinzu, erhalten wir eine auf den Artushof bezogene Dreierfolge: Aufbruch, der Ruhm und Braut einbringt – Zwischeneinkehr und tiefster Sturz – Wiederkehr im Stande der menschlichen Vollkommenheit. – Dreimal auch ist Breziljan mit Brunnen und Wald die Szene: Hier erringt Iwein sein vorläufiges Glück – hier kehrt er unerkannt ein (Lunete rettend) – hierher kehrt er endlich zurück. – Das Brunnenabenteuer selbst ist gedoppelt, beide Male Iweins Gelingen anzeigend, das vorläufige und das endgültige. Doppelt auch seine Funktion unter anderem Blickwinkel, in bezug nämlich auf Kalogreant: Hier der Unberufene dem es mißlingt, dort der Berufene dem es glückt.

Ähnlich auch die Entsprechungen Iwein : Lunete. Zweimal tarnt sie ihn vor der Welt, erst durch den Ring, dann durch ihr Schweigen (als niemand ihn an seinem eigenen Hof erkennt).

Anderseits sind sie sich gegenseitig als Retter verbunden, was seine Wurzeln schon vor den Toren dieser Erzählung hat in der Erinnerung, daß Iwein der Zofe einstmals am Artushof freundlich begegnet ist. Beziehungen dieser Art in doppelter oder dreifacher Entsprechung bot schon der ›Erek‹, bietet wohl jeder Roman des Mittelalters. Diese Hinweise müssen genügen. Es scheint, als sei die Tektonik des ›Iwein‹ nicht gleichermaßen eindeutig und aussagemächtig wie die des ›Erek‹. Sie ist differenzierter, komplizierter, und das mag sowohl einem differenzierten Denk- und Arbeitsstil entsprechen wie auch seine Ursache haben in dem Gegenstand selbst, der es an erwünschter Eindeutigkeit fehlen läßt.

5. Gehalt

Es gilt vielfach für ausgemacht, daß der ›Iwein‹ das Gegenstück des ›Erek‹ sei, sein Pendant, beide aufeinander bezogen wie die Seiten eines Reliefs, wie Positiv und Negativ. Das gleiche Problem, gesehen von den Extremen seiner Entartungsmöglichkeit: Erek *verliget,* Iwein 'verreitet', 'verrittert' sich. Ein solches Urteil liegt nahe, aber es ist deshalb noch nicht zutreffend. Der Systemzwang, dessen Wirken die schöne Abfolge ›Erek‹ – zwei geistliche Stücke – endlich der 'Gegen-Erek' ›Iwein‹ zu danken wäre, hat eine Entsprechung vorgetäuscht, die kritischer Analyse nicht standhält. Um die Probe zu machen: Erek versagt durch die ichbesessene Maßlosigkeit seiner Liebe vor der Forderung nach tätig in die Welt ausstrahlendem Rittertum. In ihre Erfüllung wächst er hinein auf seinem *Aventiuren*weg. Der Analogieschluß wäre: Iwein versage durch die ichbesessene Maßlosigkeit seines Rittertums vor der Forderung nach seelisch-sittlicher veredelnder Liebe-*minne.* Und wüchse in ihre Erfüllung hinein auf seinem *Aventiuren*weg.

Das ist offenbar falsch. Zwar versäumt Hartmanns Iwein den (ihm übrigens willkürlich aufoktroyierten) Termin; doch erinnert er sich dieses Fehls von sich aus und verfällt in Sehnsucht und Reue. In Laudines Augen hat er damit gegen die *triuwe* verstoßen. Während Ereks Fehl von der ganzen Welt kritisiert wird, ja nur durch die Welt da ist und durch sie offenbar wird, äußert im ›Iwein‹ niemand Vorwurf und Kritik (außer Laudine und ihrer Botin), auch der Dichter nicht. Iwein wäre leicht darzustellen gewesen als Gegenbild Ereks, als einer der nur Pferde und Waffen im Kopf hat. Davon kein Wort und kein Bild. Gawein vielmehr ist nötig, und seinen listig als Warnung aufgezäumten Reden von frohen Junggesellentagen erliegt der empfindsame Iwein aus durchaus guten und ehrenhaften Motiven: er will es sich und den Seinen ersparen, im Hause zu verspießern! Ihm kommen die Tränen beim Abschied, aber er reitet; reitet kurze Zeit, nachdem die *minne* ihn wie eine zehrende Krankheit überfallen hatte; reitet aus Pflichtgefühl seinem Stande gegenüber. Die Katastrophe, im ›Erek‹ sinnvoll angelegt und vorbereitet, wird im ›Iwein‹ ausgelöst durch einen technischen Defekt. Nach mittelalterlicher Denkweise hätte dieses Versäumnis für mehr zu stehen, müßte Zeichen sein: Iwein hat die Frist nicht eingehalten, das hieße doch, er hätte die Liebe vergessen, wäre treulos geworden. So sagt es auch die Botin (bei Hartmann: Lunete), nennt ihn einen *verrâtære,* einen *triuwelôsen man* und anderes (v. 3111–3196). Iwein, wie vom Blitz getroffen, wird *sîn selbes gast,* ist im Zustand tiefster Selbstentfremdung, im Wahnsinn. Außer ihm aber hat die Klage niemanden beeindruckt; Artus wünscht den Bedauernswerten zu trösten, aber da ist er schon in den Wald getaumelt.

Hier geschieht, was in jedem von Hartmanns Epen dem Helden geschieht: Erek und Gregorius und der Herr Heinrich, sie alle trifft auf der Höhe ihres Ruhms, da sie in allem Glanze dieser Welt sich sonnen, der Blitz und stürzt sie herab. Stürzt sie alle drei, weil sie nicht ihrem *ordo,* ihrem Gesetz gemäß leben, nicht gemäß der von Gott in sie gelegten Bestimmung, weil sich innerer und äußerer Status nicht decken, weil sie das Ererbte nicht erworben haben und in selbstgenügsamer Scheinsicherheit dahinleben. Man hat Grund, von dieser Erkenntnis auch auf Iwein zu schließen. Aber während Hartmann in den anderen drei Fällen (direkt oder indirekt) mit Kritik an dem Helden nicht kargt, äußert er sich im ›Iwein‹ nicht. Als Artus den wahnsinnigen Flüchtling vergeblich hat suchen lassen, erläutert der Dichter: Iwein *was ein degen bewæret | und ein helt unerværet: | swie manhaft er doch wære | und swie unwandelbære | an lîbe unde an sinne, | doch meistert vrou Minne | daz im ein krankez* („schwaches") *wîp | verkêrte sinne unde lîp. | der ie ein rehter ada-*

mas | rîterlîcher tugende was, | der lief nû harte balde | ein tôre in dem walde (LACHMANN, v. 3249–3260). Ein *adamas*, Edelstein, Inbegriff ritterlicher Ehrenhaftigkeit und Vollkommenheit war er allzeit, verkündet Hartmann; jetzt aber irre er wie ein kindischer Narr durch den Wald – und schuld daran sei *vrou Minne*. Das kann doch nur heißen: Seine Liebe war so groß, daß die Nichteinhaltung des Termins ihn in Wahnsinn stürzte. Eine merkwürdige Aussage, wenn seine Schuld gerade in Lieb-losigkeit liegen sollte.

Da die Katastrophe sich offenbar weder aus der Vorgeschichte noch aus sich selbst hinreichend rechtfertigt, wird man sich bei der Suche nach Iweins Fehl an das Wesen der 'Sühne'-*Aventiuren* halten. Denn dieser Bußweg muß doch in einem gemäßen Verhältnis zur Schuld stehen. So wie sich in Ereks *Aventiuren*-taten das Wesen seines Versagens niederschlug im Sinne der Bewältigung seines Versagens, wird man analog in Iweins *Aventiuren* eine Spiegelung seines Vergehens erwarten.

Die Betrachtung des Handlungsschemas wie der Tektonik zeigte bereits, daß Iweins *Aventiuren* ausnahmslos Befreiungshandlungen, Erlösungsakte sind. (Und selbst die eingeschalteten handlungslosen Episoden: Gespräch mit der gefangenen Lunete, mit der Verwandten der Tochter des Grafen vom Schwarzen Dorn, auch der Genesungsurlaub für den verwundeten Löwen auf der Burg stehen in unmittelbarer Beziehung zu den Befreiungstaten. Abseits hält sich lediglich die Erzählung vom Raub der Artus-Königin.) Allen diesen Heldentaten ist, wie leicht zu sehen, eines gemein: Sie sind Handlungen der *erbermde*, des Rechts, der absoluten Selbstlosigkeit, sie bringen ihm weder *êre* ein, denn er bleibt anonym, ist der Ritter *mit dem Löwen* (wie Parzival auf seiner Fahrt der *Rote Ritter* heißt), noch Liebe, denn er ist (wie Parzival auf seiner Fahrt) unbeirrbar seiner Frau zugetan, ob es gleich an Gelegenheiten nicht fehlte (die Frau von Narison, die Tochter des Herrn der Burg zum *Schlimmen Abenteuer*, vielleicht auch die kleine Gräfin vom Schwarzen Dorn und die vom Riesen Harpin bedrängte Tochter). Handlungen also der *triuwe*, Rechtsakte, Handlungen, die Iwein als den Inbegriff der Hilfsbereitschaft erweisen. Als er sich das zweite Mal als Gerichtskämpfer zur Verfügung stellt, winkt er dem Dank ab: *er sprach 'ichn habe gnâden niht: | swem*

73

mîns dienstes nôt geschiht | und swer guoter des gert, | dern wirt es niemer entwert' (v. 6001–6004). Projektion der sich solchermaßen verwirklichenden Gesinnung in die Außenwelt ist auch der Löwe: Symbol des Rechts (OHLY), der Treue (EHRISMANN).

Wenn also Iweins Taten bezogen werden dürfen auf ein Fehl, dann muß dieses Fehl im Schuldbereich mangelnder *erbermde,* mangelnden Rechtes, mangelnder Hilfeleistung angesiedelt sein. Soll man die Nichteinhaltung der Frist in diesem Sinne deuten, sie hinaufsteigern und meinen, in ihr dokumentiere sich mangelnde *triuwe,* ein Mangel des liebenden Verhältnisses zu den Menschen? Das ginge gewiß zu weit. Zweimal freilich bezieht sich der Abenteuerpart eindeutig auf die Terminfrage: zu beiden Gerichtsverhandlungen muß Iwein pünktlich erscheinen, andernfalls die durch ihn vertretene Sache und Person verloren ist. Wie in Schillers Ballade stemmen sich nun der pünktlichen Erfüllung die peinlichsten Hindernisse entgegen, der zuvor noch zu erledigende Riese Harpin erscheint so spät auf der Walstatt, daß Iwein fast Lunete nicht mehr lebend angetroffen hätte; und im letzten Augenblick erst gelingt es einer Verwandten der kleinen Schwester vom Schwarzen Dorn, den Helfer zu ereilen, – und wiederum schiebt sich ein Abenteuer davor. Diese beiden Motive sind unverkennbar abgestimmt auf die Terminversäumnis und haben klar den komplementären Charakter von Straf- und Lernlektionen (und bezeichnend genug gehören die *Pesme Avanture* wie der zweite Gerichtskampf zur jüngsten, wohl erst von Chrestien hinzugefügten Schicht der Erzählung, s. SPARNAAY II, S. 40).

Wenn es jedoch richtig ist, daß die Grundidee des *Aventiuren*wegs *erbermde* und Rechtlichkeit, Schutz der Schwachen, Hilfe für die Guten ist, dann wird der Verstoß der 'Unpünktlichkeit' diesen Bau kaum tragen können. Man wird also tiefer fragen müssen; und es bietet sich nur eine Antwort an, wenn sie auch von der Dichtung nirgend expressis verbis formuliert wird: Iwein hat sich des elementarsten Verstoßes gegen die *triuwe* und *erbermde*, gegen das Recht auf Schutz und Schonung schuldig gemacht. Er hat den König Askalon erschlagen. Der rechtmäßige Herr der Quelle, mutwillig provoziert durch den Gewitterzauber, rechtens zur Verteidigung seines Eigentums antretend, mit Grund empört über den angerichteten Flurscha-

74

den – er wird von Iwein gegen alle Regeln ritterlichen Kampfes erschlagen. Eine Szene, die Chrestien mit drastischer Dramatik schildert, man hört den Atem keuchen, alle Spannungseffekte werden herausgearbeitet. Hartmann aber tut den Vorgang fast unwillig ab, er sieht ihn vom Gesichtspunkt des Moralisten her und sagt das schwer wiegende Wort: *her Iwein jagt in âne ʒuht* (v. 1056), den schwer Getroffenen, den zur Flucht nicht seine Feigheit zwang, sondern des *tôdes leit* (v. 1053). Ja, Iwein führt noch einen zweiten Schlag gegen ihn (den Chrestien nicht kennt), weil er nämlich Sorge hat, man werde ihm mangels Zeugen seine Tat nicht glauben, wenn er den Gegner nicht erschlage oder fange (v. 1062–1074). Das ist praktisch gedacht; aber ritterlich und rechtlich ist es nicht.

Daß die Witwe des so rüde Erschlagenen den Mörder heiratet, ist übrigens ein offenbar schwererer Verstoß gegen die *triuwe* als etwa später Iweins Terminversäumnis. Chrestien wird mit dem heiklen Problem fertig, indem er zynisch und spottend, schonungslos anprangernd sich über die Frauen und ihre Treue ausläßt. Das ist für Hartmann zu viel; und so erklärt er, es scheine zwar hier, als seien die Frauen schlecht, aber in Wahrheit seien sie gut. Er rettet sich in das Alibi von Lunetes Kasuistik und bemüht schließlich die irrationale Instanz der *Frau Minne,* der die letzte Verantwortung zufalle. Dieser für Hartmann bezeichnende Versuch einer Ehrenrettung Laudines macht die Schwäche von deren Position nur um so deutlicher.

In ihrer ursprünglichen Schicht ist die Erzählung moralisch indifferent: der Held besiegt den Wächter und gewinnt die Fee. Nun aber der Wächter avanciert ist zum Herrn des Landes und Ehemann der ʼFeeʼ, muß aus solcher Kombination ein ursprünglich in dem Vorfall gar nicht angelegtes moralisches Problem für den späteren Gestalter und sein Publikum erwachsen. Dieses Problem hat eine organisch-sinnvolle Durchgestaltung des ›Iwein‹-Themas durch Chrestien und Hartmann verhindert. Das zeigt sich wie an Iwein so an Laudine. In dem Augenblick, da eine mythische Figur, die für menschliche Urerfahrungen und -empfindungen steht, in den höfischen Raum versetzt und individualisiert wird, untersteht sie moralischen Gesetzen. Vor ihnen versagt Laudine. Iwein zwar ist nicht das Gegenstück Ereks, wohl aber Laudine das Enites: wo Enite zart ist und liebevoll, demütig, verstehend und selbstlos, da ist Laudine hart und anklagend, herrisch, blind und berechnend. Wo Enite

75

nur an ihren Mann denkt und an seinen Schutz, da kalkuliert Laudine lediglich die Reaktion der Welt ein (v. 1899 ff.; v. 5524 ff.: ihr Nichterkennen Iweins bezeichnet nicht nur die Tatsache, daß er noch nicht wieder ganz zu sich gefunden hat, sondern auch die andere: daß es ihn für sie gar nicht mehr gibt). Sie ist damit nicht nur das Gegenbild der Enite, sondern auch das ihres eigenen Mannes, zu dessen demütiger Selbstlosigkeit ihre eitle Ichbefangenheit in peinlichem Kontrast steht. So kann sich auch die Lösung, die Wiedervereinigung der Eheleute, nicht organisch ergeben, da sie sich nicht folgerichtig aus den Charakteren entfalten kann. Sie muß forciert werden durch ein (wieder von Lunete eingeleitetes) Betrugsmanöver, Laudine fängt sich in den Schlingen eines ahnungslos gegebenen Wortes. Chrestien bleibt konsequent, bei ihm verharrt Laudine bis zum Ende unnahbar und unerweicht. Wiederum ist das zu viel für Hartmanns Gemüt: Er läßt Laudine einen Fußfall tun und um Vergebung bitten. Das wirkt zwar versöhnend auf den Hörer, ist aber durchaus unorganisch aufgepfropft und daher unwahr. Nicht minder gezwungen wirkt das Pendant, Iweins Schuldbekenntnis, das eher eine von konventioneller Höflichkeit eingegebene Demutsformel zu sein scheint. (Man halte dagegen sein klares Bekenntnis [v. 5469 f.]: ... *mîner vrouwen hulde* | *der mangel ich ân schulde*; ferner Hartmanns oben S. 72 zitierte Erklärung: *Frau Minne* hat es angerichtet.)

Da nun den höfischen Dichtern schmerzlich genug einleuchtete, daß Laudines vorgegebene Rolle nichts zu tun hat mit einem Liebes- und Ehebund von inniger Tiefe, fanden sie einen ihrer Welt gemäßen Ausweg: sie stilisierten das ursprüngliche mythische Verhältnis dieser beiden Menschen zu einem höfischen Minneverhältnis um! (Hartmann steigert Chrestien noch, indem er Chrestiens Herzogin zur Königin steigert.) So herrscht die Frau denn über den Mann wie über einen Vasallen, bestellt ihn auf einen fixen Termin, kündigt ihm. Iwein hat dagegen keine Rechte, keine Mittel, keinen Schlüssel (s. die Verse 5543–5547). Laudine die Herrscherin und Weltdame, Iwein der Lehnsmann und zur Leistung und Abgabe Verpflichtete – auf solche Weise mochten die höfischen Dichter versuchen, mit den ungeheuren Folgen eines vom Stoff zugelieferten relativ harmlosen Vergehens fertig zu werden. Sie nahmen es

als Symptom für die Verletzung – nicht der Ehe! wohl aber –
einer geradezu sakralen Ordnung, der des Minnesystems.

Zufolge solcher Überschneidungen der sich notwendig
wandelnden Konzeptionen, die zu Kompromissen und poetischen Verzweiflungsaktionen führen, wie sie jeder inneren
und äußeren Wahrhaftigkeit Hohn sprechen, entbehrt der
›Iwein‹ in seiner höfischen Fassung eines organisch gestalteten,
logisch durchgeführten, konsequent entwickelten Grundpro-
blems. Vielmehr klafft eine Diskrepanz zwischen *matiere* und
san, zwischen Stoff und Tendenz. Der Stoff hat seine konstan-
ten Elemente, sie waren nicht gänzlich umzuschmelzen in das
feingesponnene System der höfischen Gesittung und ihrer
ästhetischen Ausformung. Da ist die Urfabel: Der sterbliche
Mensch hat den Wächter besiegt, ist eingedrungen in das Reich
der Fee, hat ihre Liebe gewonnen, ist mit ihrer Erlaubnis zu-
rückgekehrt in seine Welt – unter einer Bedingung. Er hält sie
nicht und muß darüber vergehen. Dieser Stoff mußte in höfischer Minnezeit ebenso erregend wie verstörend wirken. Die
Wächtertötung, ein Adiaphoron ursprünglich, mußte zur sünd-
haften Tat – und konnte doch nicht getilgt werden, so wenig
anderseits der Held zum Mörder gestempelt werden durfte.
Hier prallen unvereinbare Welten aufeinander: die mythische,
in der die Wächtertötung belanglos, die Bedingung entscheidend ist; und die höfische, in der die unritterliche Tötung (und
anschließende Heirat) mit dem Gewicht moralischer Verurteilung belastet werden muß, hingegen das Nichteinhalten der
Bedingung nicht wesentlich ist. Da nun die Durchführung der
Geschichte in ihrem ersten Teil an ihr ursprüngliches Handlungsschema gebunden ist, mußte der Totschlag bagatellisiert,
die (nunmehrige) Bagatelle des nicht eingehaltenen Termins
dramatisiert werden. (Iwein selber macht das nicht mit: . . .
der mangel ich ân schulde!) Unter dem Druck aber und Gegen-
druck der alten und neuen Gesinnungsgewalten verschoben
sich die Formationen. Während im Feenmärchen das Schicksal des Mannes mit seinem Versagen besiegelt ist, muß der
Artusheld eingehen in eine Welt freudigen Gelingens. Das ist
das Spezifikum dieser Romangattung, hier entfaltet sich, in
dem leidvollen *Aventiuren*weg, die Domäne des höfischen
Dichters, der den Glauben zu verwirklichen gehalten ist, daß

Menschenkraft das Schicksal bezwingt, wenn Gott mit ihr ist. Die höfische Hand verschiebt die Motive: der Bruch der Bedingung wird in seinen Konsequenzen weitgehend aufgehoben zugunsten der Konsequenzen des Totschlags. Der höfische Roman und sein Geist wehrt sich im Untergrund gegen die Gewalt, die der durch ihn repräsentierten humanen und ästhetisch empfindsamen Mentalität von dem fremden mythischen Stoff angetan wird. Der eigentlich moderne Part, des Ritters *âventiuren,* wird nicht auf das alte Kern-, sondern das alte Randmotiv bezogen, nicht auf die Terminklausel, sondern auf die Tötung. Die Motive haben ihre Substanz gewandelt, mit ihnen wandelt sich die ihnen zugehörige dichterische Gestaltung. Das alte Kernmotiv war außermenschlicher, war magisch-schicksalhafter Natur. Das neue ist human-moralisch. Das alte sah den Menschen ausgesetzt und den Schicksalsmächten Tod und Liebe unterworfen, die eines sind. Das neue will die Mächtigkeit des Menschen zeigen, die sich enthüllt in Demut und Dienst, und will das Leben und die Liebe, die eines sind. Die Entfaltung des Konfliktes ist an das alte Handlungsmodell gebunden. Die einzelnen Handlungen aber des vom höfischen Dichter stammenden Hauptteils sind allesamt bezogen auf das neue Ethos. Das hat die innere Ordnung des Werks gestört und ihm nicht erlaubt, Ausdruck einer in sich geschlossenen Ideen-Konzeption zu werden.

Trifft nun auch für den ›Iwein‹ zu, was von den drei anderen Helden der Epen Hartmanns gilt, daß sie auf der Höhe ihres Glanzlebens vom Blitz der Gottheit getroffen und herabgeschmettert werden und nun einer Wiedergeburt entgegenleben müssen? Es gilt auch für Iwein, der durch Heldentat und hohe Abstammung eine Königin gewinnt, ein Reich, Freundschaft und Liebe – aber der all dieses gewissenlos erobert hatte und sich befleckte und der nun fällt; und der dann den langen Weg gehen muß, bis Aufgabe und Haltung einander gemäß sind, bis Amt und Handeln, äußerer und innerer Gradus einander entsprechen. *Sælde und êre* eröffnen, *sælde und êre* schließen Hartmanns Gedicht. Man wird, manchen Zweifeln der Forschung zum Trotz, doch BENECKE zustimmen, dem dieses Motiv als „unwandelbarer Leitstern" der Dichtung erschien (zu v. 1), und wird den Eingangspassus übersetzen: „Wer mit aller Kraft des Herzens nach dem trachtet, was wahrhaft gut ist, der wird Gnade finden vor Gott und die Liebe der Menschen."

Literatur:

Editionen: Der › Iwein ‹ spielt nicht nur als Dichtung, sondern auch als Objekt philologischer Bemühung eine zentrale Rolle in der Geschichte der Germanistik. Mit der Ausgabe durch KARL LACHMANN von 1827, die schon 1825 abgeschlossen war (doch verzögerte sich der Druck, weil noch die ›Anmerkungen‹ BENECKES hinzukamen), beginnt eigentlich die Phase wissenschaftlicher Edition deutscher Texte des Mittelalters. Von der Gesinnungsphilologie, die diese Gründer unseres Fachs betrieben, gibt das Vorwort zur 2. Aufl. 1843 eindrucksvoll Kunde. Dazu HENDRICUS SPARNAAY, Karl Lachmann als Germanist. 1948. – 7. Ausgabe 1968, neubearbeitet von LUDWIG WOLFF (Bd 1 Text, Bd 2 Handschriftenübersicht, Anmerkungen und Lesarten). – 1974: Text dieser Ausgabe mit Übersetzung und Anmerkungen von THOMAS CRAMER. 2. durchges. u. erg. Auflage. – 1965 erschien eine broschierte Studienausgabe der 6. Ausgabe von BENECKE–LACHMANN–WOLFFS Fassung (1959).

1869 durch FEDOR BECH im 3. Bd seiner Gesamtausgabe, ⁵Nachdruck 1934. – EMIL HENRICI ed. 1891 den Text (= Teil 1), 1893 die Anmerkungen (= Teil 2). – 1933 durch HANS STEINGER in ›Deutsche Literatur in Entwicklungsreihen‹, Höfische Epik, Bd 3 (zus. mit ›Erec‹, ed. v. HANS NAUMANN, der die Einleitung zu beiden Gedichten schrieb. – Hartmann von Aue, Iwein. Ausgewählte Abbildungen und Materialien zur handschriftlichen Überlieferung. Bearb. v. LAMBERTUS OKKEN 1974 (= Litterae H. 24).

Hartmann von Aue, Iwein. Handschrift B. (Fotomechan. Nachdruck, Deutsche Texte in Handschriften, Bd 2, eingeleitet von HEINRICH MATTHIAS HEINRICHS.) 1964 (recte 1965).

HANSJÜRGEN LINKE, ›Kapitelüberschriften‹ in den Handschriften f und p von Hartmanns ›Iwein‹. In: ZfdA 93, 1964, S. 176–208.

THOMAS ELWOOD HART, The new text of Hartmanns ›Iwein‹. In: Modern Philology, 69, 1971, S. 330–337.

DERS., Zu den Abschnitten in den Hartmann-Handschriften. In: ZfdPh. 91, 1972, S. 17–19.

LUDWIG WOLFF, Die Iwein-Handschriften in ihrem Verhältnis zueinander. In: de Boor-Festschrift, 1966, S. 111–135.

GEORG FRIEDR. BENECKE, Wörterbuch zu Hartmanns ›Iwein‹ 1833; 3. Aufl. besorgt v. CONRAD BORCHLING, 1901.

EMMA BÜRCK, Sprachgebrauch und Reim in Hartmanns Iwein, mit einem Reimwörterbuch zum Iwein. 1922.

LAMBERTUS OKKEN, Entgegnung auf G. Simons Aufsatz. In: ZfdPh. 91, 1972, S. 406–407. – GERD SIMON, Zu L. Okkens »Entgegnung«. In: ebda. S. 407–409. – LAMBERTUS OKKEN, Erwiderung. In: ebda. S. 409. – (Kontroverse um »sprachstatistischen Nachweis der Ergodizität von Textelementen«.)

In den S. 2f. genannten Literaturgeschichten: VOGT S. 228–237; EHRISMANN S. 172–184; SCHNEIDER S. 291–293; SCHWIETERING S. 158–160; DE BOOR Bd II S. 80–83; SPARNAAY Bd II S. 17–57; MAURER, Leid, S. 55–57; SCHÖNBACH S. 23–47; KARL BERTAU, Bd I, S. 712–717.

BERNHARD GASTER, Vergleich des Hartmannschen Iwein mit dem Löwenritter Chrestiens. Diss. Greifswald 1896.

ARTHUR WITTE, Hartmann von Aue und Kristian von Troyes In: Beitr. 53, 1929, S. 65–192.

HERBERT DRUBE, s. o. S. 61.

KURT HERB. HALBACH, Franzosentum und Deutschtum in höfischer Dichtung des Stauferzeitalters. Hartmann von Aue u. Chrestien de Troyes. Iwain-Yvein. 1939.

HUGH SACKER, An Interpretation of Hartmann's Iwein. In: The Germanic Review 36, 1961, S. 5–26.

W. T. H. JACKSON, The Literature of the Middle Ages. New York [2]1961, S. 101–110.

H. BERNHARD WILLSON, The role of Keii in Hartmann's Iwein. In: Medium Aevum 30, 1961, S. 145–158.

Ders., Love and charity in Hartmann's ›Iwein‹. In: The Modern Language Review 57, 1962, S. 216–227.

HENDRICUS SPARNAAY, Hartmanns Iwein. In: Zur Sprache und Literatur des Mittelalters. 1961, S. 216–230.

HUMPHREY MILNES, The play of opposites in ›Iwein‹. In: German Life and Letters 14, 1961, S. 241–256.

WOLFGANG DITTMANN, Dune hâst niht wâr, Hartman! Zum Begriff der wârheit in Hartmanns Iwein. In: Pretzel-Festschrift, 1963, S. 150–161.

THEODORUS CORNELIUS VAN STOCKUM, Hartman von Ouwes ›Iwein‹. Sein Problem u. seine Probleme. In: Mededelingen der Koninklijke Nederlandse Akademie van Wetenschapen. Afd. Letterkunde. Nieuwe Reeks. Deel 26, Amsterdam 1963, No 3.

KURT RUH, Zur Interpretation von Hartmanns Iwein. In: Philologia Deutsch, Henzen-Festschrift, 1965, S. 39–51.

A. T. HATTO, ›Der Aventiure meine‹ in Hartmann's Iwein. In: Norman-Festschrift, London 1965, S. 94–103.

THOMAS CRAMER, Saelde und êre in Hartmanns Iwein. In: Euph. 60, 1966, S. 30–47.

Johannes Erben, Zu Hartmanns Iwein. In: ZfdPh. 87, 1968, S. 344–359.

Kurt Ruh (s. o. S. 3), S. 137–160:

In dem ›Iwein‹-Kapitel seiner Darstellung der höfischen Literatur polemisiert Ruh beharrlich gegen Cramers und meine Auffassung, was mich um so mehr verwundert, als er auf Auseinandersetzung mit anderen Forschern durchweg verzichtet und ein genaueres Zusehen zeigt, daß er im Grundsätzlichen häufiger mit mir einig ist als von mir abweicht. So ist sein Schema der Aventiuren-Kette (Ruh S. 153 bis 155) praktisch dem gleich, das ich 1962 hier abgedruckt habe (S. 68–71). Fairneß freilich gebietet mir, die briefliche Mitteilung Ruhs zu zitieren (vom 3. 5. 68), nach der seine Strukturskizze „viel älter" ist als meine Darstellung und schon 1956 und 1961 von ihm „vorgetragen" wurde. Zwar halte ich dafür, daß vor allem Ruhs ›Iwein‹-Deutung manche Widersprüche und Versehen aufweist, ich glaube jedoch, daß Realienbücher wie die unseren nicht eigentlich der Ort sind für Detail-Auseinandersetzungen – dies um so weniger, je mehr sie belastet werden durch die persönliche Note.

Berechtigt ist Ruhs Kritik an meiner Verlesung der Chrestien-schen Erec-Stelle (Ruh S. 131), dergemäß ich ab der 4. Auflage meine Formulierung geändert habe (S. 58).

Max Wehrli, Iweins Erwachen. In: M. W., Formen mittelalterlicher Erzählung. 1969, S. 177–193 (zuerst in: Geschichte, Deutung, Kritik. Festschrift W. Kohlschmidt. 1969, S. 64ff.).

Michael Batts, Hartmann's humanitas. A new look at Iwein. In: German Studies in honor of E. H. Sehrt. 1968, S. 37–51.

Bert Nagel, Hartmann »zitiert« Reimar. Iwein 1–30 und MF 150/ 10-18. In: Euph. 63, 1969, S. 6–39.

Wolfgang Mohr, Iweins Wahnsinn. Die Aventüre und ihr »Sinn« In: ZfdA 100, 1971, S. 73–94.

Günther Schweikle, Zum ›Iwein‹ Hartmanns von Aue. Struktu-rale Korrespondenzen und Oppositionen. In: Probleme des Er-zählens (= Fs. Käte Hamburger) 1971, S. 1–21.

Ernst von Reusner, Iwein. In: DVjs, 46, 1972, S. 494–512.

Horst Peter Pütz, Artus-Kritik in Hartmanns ›Iwein‹. In: GRM 53, 1972, S. 193–197.

Christoph Gerhardt, ›Iwein‹-Schlüsse. In: Literaturwissenschaft-liches Jahrbuch 13, 1972, S. 13–39.

Annebert Bender, Ausdruck und Auffassung staufisch-christlicher Kultur in Hartmanns Iwein. Diss. Louisiana Univ. 1972.

J. M. Clifton-Everest, Christian allegory in Hartmanns Iwein. In: Germ. Rev. 48, 1973, S. 247–259.

Peter Kern, Interpretation der Erzählung durch Erzählung. Zur

Bedeutung von Wiederholung, Variation und Umkehrung in Hartmanns Iwein. In: ZfdPh 92, 1973, S. 338–359.

DERS., Der Roman und seine Rezeption als Gegenstand des Romans. Beobachtungen zum Eingangsteil von Hartmanns Iwein. In: WW 23, 1973, S. 246–252.

GERTRUD JARON LEWIS, 'daz häzliche spil' in ›Iwein‹: ein Beispiel der Erzählkunst Hartmanns von Aue. (Mit [engl.] summary). In: Seminar (= A Journal of Germ. Studies) 9, 1973, S. 97–108.

EDWIN MONTGOMERY WILKINSON, Complementation in the Mhg. Iwein. Diss. Princeton Univ. 1973.

CHRISTIAN GELLINEK, Zu Hartmanns von Aue Herzenstausch: ›Iwein‹ 2956–3028. In: ABäg 6, 1974, S. 133–142.

JUTTA GOHEE, 'Bistuz Iwein, ode wer?' Hartmanns letztes Epos als Spätwerk. In: ebda. 7, 1974, S. 47–83.

JOHN MARGETTS, Gefühlsumschwung in Iwein. 'minne unde haz, luf and envy'. In: Großbritannien und Deutschland. 1974. S. 452–460.

MARIE THERES NÖLLE, Formen der Darstellung in Hartmanns ›Iwein‹. 1974.

PAUL SALMON, 'Ane zuht'. Hartmanns von Aue criticism of ›Iwein‹. In: Mod. Lang. Rev. 69, 1974, S. 556–561.

FRANK SHAW, Die Ginoverentführung in Hartmanns ›Iwein‹. In: ZfdA 104, 1975, S. 32–40.

LUDWIG WOLFF, Schoene sinne. Zu einer Stelle im Iwein Hartmanns von Aue. In: Festschrift Karl Bischoff, 1975, S. 325–327.

VIII. GREGORIUS

*hie hebent sich von êrste an
diu seltsænen mære
von dem guoten sündære*
(v. 174–176, ed. PAUL-WOLFF [9]):

Mit dieser Titelangabe endet der Prolog einer Geschichte, die in der Wissenschaft unter dem Namen ihres Helden läuft, ›Gregorius‹. Ein Prolog, der übrigens auffallend von dem üblichen Schema, dem auch Hartmann sich verpflichtet gefühlt zu haben scheint, abweicht: Nichts von Stand, Bildung, Mühen der Quellensuche, Hinweisen auf die dichterischen Meriten, sondern von sündhafter Versäumnis ist hier die Rede, die es dringend wiedergutzumachen gelte; ist die Rede überdies nicht in der gemäßigten Tonart durchsichtiger Perioden, sondern in dem Stil affektuoser Verkündigung, deren eilige Mündlichkeit der Logik der Syntax nicht achtet und die an die Intensität der Predigt, des Buß- und Mahnwortes erinnert. Hier manifestiert sich in Stil und Thema jene Wendung zur Weltabsage, von der auch die Lyrik zeugt und die (in welcher Folge auch immer) Hartmanns Werk artikuliert hat, so wie sie sein Leben artikuliert haben wird (s. S. 36).

1. Überlieferung

Wir haben 5 (im wesentlichen) vollständige Handschriften, davon eine (A, Vatican) noch aus dem 13. Jh., die übrigen aus dem 14. und 15. Jh. Außerdem 5 Fragmente, die textkritisch von Bedeutung sind. Mithin ist die Überlieferung zwar nicht gut zu nennen, doch steht es um sie besser als um die des ›Erek‹ und des ›Armen Heinrich‹.

Der seines grundsätzlichen Bekenntnisses halber so gewichtige Prolog v. 1–170 (der außerdem eine etwas wirre Wiedergabe des Gleichnisses vom barmherzigen Samariter bringt) ist nun nicht in allen, sondern nur in den Handschriften J und K überliefert (einiges, nämlich 39 von den 170 Versen, auch in der lückenhaften Handschrift G). Die beiden Haupthandschriften A und B setzen mit der Dichternennung ein (v. 171), E gar erst mit dem eigentlichen Handlungseinsatz v. 177. Bei solcher Sachlage ist es nicht verwunderlich, daß man die Echtheit des Prologs bezweifelt hat. Doch ist sie von Zwierzina entschieden verteidigt worden. Möglicherweise gab es zwei Fassungen des Werks, eine ohne, die andere mit dem – erst nachträglich hinzugefügten? – Prolog.

Die Handschriften lassen sich insofern ordnen, als sich zwei Gruppen herausklären, deren eine (A, J, Fragment H) dem originalen Text näher zu stehen scheint als die andere. Dies ist die Ausgangsposition für die Textherstellung, die im einzelnen jedoch vielen Unsicherheiten ausgesetzt ist.

2. Nachwirkung

Hartmanns ›Gregorius‹ hat nicht nur in seiner eigentlichen Gestalt, sondern sehr früh auch schon in der Wandlung weitergewirkt. Arnold, Abt des Johannesklosters zu Lübeck, hat im Auftrag von Heinrichs des Löwen Sohn, Herzog Wilhelm von Braunschweig-Lüneburg, das Werk ins Lateinische übertragen (vor 1212, dem Todesjahr des Herzogs, jedenfalls vor 1213, dem des Abtes). Der ›Gregorius Peccator‹ (genau: ›Gesta Gregorii peccatoris ad penitenciam conversi et ad papatum promoti‹, ed. Gustav von Buchwald, 1886) unterstreicht vor allem die erbaulichen und mahnenden Partien, paraphrasiert auch gelegentlich frei, und nennt seine Quelle nicht – die dennoch unbezweifelbar Hartmann ist. Somit hat die lateinische Version auch ihre Bedeutung für die Textkritik der deutschen Fassung. (4210 Verse gegen 4006 bei Hartmann.)

Es gibt noch zwei weitere Übertragungen ins Lateinische: eine in Ovidischen Hexametern (Münchener Hs., 14. Jh.), eine andere in Prosa, fälschlich ›De Albano‹ betitelt (Breslauer Hs, 14. Jh.).

Doch nicht nur der geistlichen Unterweisung und gelehrtem Interesse, sondern auch der stoffhungrigen Neugier des Volkes wurde Hartmanns Werk zubereitet. In der zweiten Hälfte des 14. Jhs. wandelte es sich in deutsche Prosa und geriet in den »Winterteil« einer weitverbreiteten Legendensammlung, »Der Heiligen Leben« (gedruckt 1471 und öfter). Auch diese Fassung (F) ist textkritisch von gewisser Bedeutung.

Im Herbst des Jahres 1945 ist ein deutscher Dichter in Kalifornien damit befaßt, den Roman eines Deutschen zu schreiben.

Er notiert: „Ich stand im Kapitel XXXI, das das Ende des Krieges, die Figuren der 'dienenden Frauen' und die Wendung Adrians zur Puppen-Oper bringt, und 'las abends lange in den *Gesta Romanorum*. Die schönste und überraschendste der Geschichten ist die von der Geburt des Heiligen Papstes Gregor. Die Erwählung, verdient durch die Entstehung aus Geschwister-Verkehr und durch Blutschande mit der Mutter, – was alles freilich durch eine siebzehnjährige unglaubliche Askese auf dem wilden Stein abgebüßt wird. Extreme Sündhaftigkeit, extreme Buße, nur diese Abfolge schafft Heiligkeit'. – Ich wußte nichts von den vielfachen Erscheinungsformen der Legende, hatte besonders von Hartman von Aues mittelhochdeutschem Gedicht kaum gehört. Aber sie gefiel mir so gut, daß ich gleich damals mit dem Gedanken umging, den Stoff meinem Helden eines Tages wegzunehmen und selbst einen kleinen archaischen Roman daraus zu machen.“

Auch »Der Erwählte«, wiewohl wachgerufen durch die Begegnung mit einem Denkmal der Gregorius-Tradition (zu den ›Gesta Romanorum‹ s. u. S. 88), das außerhalb Hartmannscher Vermittlung steht, geht auf Hartmann als Hauptquelle zurück. Dank Thomas Mann lebt der ›Gregorius‹ im 20. Jh. anmutiger, frischer und reizvoller als jede andere deutsche Dichtung des Mittelalters.

3. Die Geschichte des Stoffs

Den Gregorius einen 'Mittelalterlichen Ödipus' zu nennen, vereinfacht die Sachlage unzulässig. Gewiß ist der ›Ödipus‹ die gewaltigste Gestaltung inzestentstammender Tragik, die das Abendland hervorgebracht hat; gewiß war er dem Mittelalter (über des Statius ›Thebais‹) wohlbekannt und gehört wohl zum Substrat der ›Gregorius‹-Sage. Anderseits ist die Zahl der Erzählungen, Sagen, Mythen groß, die zurückzuführen sind auf etwa das Grundmuster „inzestuöse Geburt . . . , Aussetzung, Erziehung durch Pflegeeltern niedern Standes, Hervortreten in die Welt, Heldentaten, Erkennung durch die Mutter“ (Sparnaay). Hinzu kommen (wesentliche) Varianten und Ausbauten: Orakel, Vatermord (›Ödipus‹, fehlen z. B. im ›Gregorius‹, während dem ›Ödipus‹ wiederum das Motiv der inzestuösen Geburt fehlt), Heirat Mutter-Sohn. Man hat auf eine

Reihe von typisch geprägten Geschichten verwiesen, die zum Vor- und Ausbau der ›Gregorius‹-Sage beigetragen haben können: Die ›Judas‹-Legende, eine Transformation der Ödipussage in christliche Denkformen; ähnlich die (in Rußland überlieferte) ›Andreas‹-Legende, deren Held schließlich nach bitterer Buße zum Bischof erhöht wird. Einem anderen Stoffkreis, dem das Motiv des Vatermordes fehlt, der jedoch die Doppelung des Inzestes bringt, gehört die Geschichte um Albanus an und die italienische Vergogna-Überlieferung. Ferner ist zu erwähnen u. a. die bulgarische Legende von Paulus von Caesarea, oder eine Gruppe serbischer Volkslieder vom Findling Simeon. Da ist weiter, auffallend durch die Entsprechungen in manchen Details, die Geschichte von Darab im ›Königsbuch‹ des großen persischen Epikers Firdausi (939–1020).

Man wird den Gregorius-Stoff zu keinem dieser und anderer hier nicht genannter Titel in die Beziehung direkter Abhängigkeit setzen wollen, wie man anderseits nicht leugnet, daß es sich um eine gemeinsame Vorstellungtradition handelt. Sie bietet Entsprechungen, Parallelen, Analogien; wann wir von dem konkreten Fall einer mitwirkenden Vorstufe reden dürfen, wird sich kaum entscheiden lassen. Die Flüsse mögen miteinander verbunden sein, sie mögen aber auch unabhängig voneinander dahinfließen, dem gleichen Quellgebiet entsprungen, dem gleichen Meere zu und abhängig von den Gesetzen des gleichen Wasserhaushaltes. Im übrigen wird man auch der jeweiligen aktuellen Gegenwart eine Mitarbeit an der Geschichte des Stoffes nicht abstreiten, da doch inzestuöse Verwicklungen in den Alltag jeder Zeit eindringen und ihrerseits wieder den Nährboden für die Neugier hergeben, auf die dieser Stoff immer rechnen konnte.

Innerhalb dieser breiten Stofftradition steht der ›Gregorius‹ insofern abseits, als seinen Helden die radikale und langandauernde Art seiner Buße auszeichnet. Doch auch hier findet sich ein Vorbild: in der alten byzantinischen Legende von Martinian, die im übrigen nichts gemein hat mit dem Typ der Inzestsage: doch ist die Form der Weltabkehr des Martinian die des Gregorius.

Auf einige für die Erzählung selbst nicht konstitutive Wandermotive sei nur nebenbei hingewiesen: Kindesaussetzung – Elternsuche – geheimnisvolle Herkunft des Helden – Befreiung der Fürstin – Tischleindeckdich – der Fund im Fischmagen u. a.

Der Name Gregorius schließlich kann mit keinem der sich so nennenden Päpste verbunden werden. Die Erhebung auf den Thron Petri liegt in der Denkstruktur der Geschichte: dem Sturz in die schlimmste Sündentat steht die Gnade der höchsten Erhebung gegenüber. Der Papstname kennzeichnet hier also einen bestimmten Papsttypus, ja das Amt selbst, – ein von der Kirche anerkannter Heiliger ist Gregorius nie geworden.

Zusammenfassend: Der ›Gregorius‹ ist eine Legende. Ihre Absicht ist, die unerschöpfliche Gnade Gottes zu demonstrieren an einem exzeptionell krassen Fall menschlicher Versündigung. Ihn zu schildern, bot sich eine große Zahl von Geschichten und Motiven abendländischer und orientalischer Erzähltradition an. Keine von ihnen läßt sich als unmittelbare Vorlage jenes ›Gregorius‹-Gedichtes erkennen, wie es Ende des 12. Jhs in Frankreich entstand. Sie alle aber repräsentieren eine Erzähltradition, die in Wirkung und Gegenwirkung, Spiegelung und Entsprechung mitgeschaffen hat an der Ausbildung dieser Legende. Die den ›Gregorius‹ auszeichnende Einzigartigkeit nun besteht darin, daß er – anders als alle übrigen Gestaltungen dieses Themenkomplexes – in der ritterlichen Welt des hohen Mittelalters spielt. Damit ist nicht eine Szene unter vielen denkbaren gewählt, sondern durchaus ein Anspruch erhoben, eine neue Variante des großen Themas angegangen, das da die Möglichkeit weltlicher Bewährung in einem dem Jenseits bestimmten Dasein erfragt. Der französische Dichter und ihm folgend Hartmann fügten den geistlichen Stoff in eine ihm ursprünglich nicht gemäße Form, in die der ritterlich-höfischen Epik. Nicht zuletzt dieser Disproportion (Thomas Mann macht sie sich auf seine Weise zu eigen) verdankt das Gedicht seinen Reiz. Mit ihm ist eine neue Gattung begründet, in der sich im Gefolge Hartmanns nicht wenige Autoren versuchen (Konrad von Fussesbrunnen, Konrad von Heimesfurt, Rudolf von Ems u. a.) und die man 'Höfische Legende' genannt hat.

4. Hartmanns Vorlage

Die älteste bekannte Bearbeitung der ›Gregorius‹-Sage ist die Ende des 12. Jhs. entstandene französische ›Vie du pape Grégoire‹. Ihre Überlieferung unterteilt sich in die beiden Redaktionen A und B. Jede von ihnen ist durch drei Handschriften vertreten (beziffert als A¹ usw.).

Das Verhältnis dieser beiden Redaktionen zueinander wie das Hartmanns zu ihnen ist nicht eindeutig bestimmbar (A¹ ediert durch Victor Luzarche, 1857; B¹ durch G. Telger, 1933). Eine kritische Edition des ›Grégoire‹ wäre auch für die Hartmann-Forschung eine wesentliche Hilfe. B¹ (London) weicht insofern ab, als der Schluß fehlt, das Gedicht mit Gregors Reise nach Rom schließt. Die Frage, ob diese Fassung das Original vertritt, die Wiedervereinigung Mutter-Sohn also Zudichtung ist, oder ob umgekehrt eine spätere Zeit eine Kürzung vorgenommen hat, ist ungeklärt. – Alle Handschriften des ›Grégoire‹ berufen sich auf eine Quelle, die *escripture, estoire* – unter der man ein französisches Versgedicht vermutet.

Keine der vorliegenden Handschriften ist Hartmanns unmittelbare Vorlage gewesen. Sein Werk scheint B¹ am nächsten zu stehen. Den Schluß hätte er dann einer zweiten Vorlage entnommen; oder seine B-Quelle war bereits ergänzt. Die Entscheidung der Frage, ob Hartmann frei schaltete oder getreu übersetzte, hängt ab von der Quelle, die man ihm zuschreibt: war es B¹ oder eine dieser Fassung nah verwandte Handschrift, dann verfuhr er freier selbst noch als im ›Erek‹. Vielleicht aber hielt er sich nah an eine Fassung, die nicht überliefert ist. Man hat sogar für möglich gehalten, daß er gar nicht auf dem französischen Gedicht fuße, sondern auf einer verlorenen lateinischen Fassung. Das bleibt bloße Vermutung, nicht anders als die Spekulation um eine dem französischen Gedicht vorausgehende lateinische Version. Bei solcher Sachlage läßt sich Hartmanns eigenständige dichterische Leistung schwerer bestimmen als z. B. in den beiden Artusromanen.

Die Nachwirkungen von Hartmanns ›Gregorius‹ haben wir bereits skizziert (s. S. 84 f.). Dabei handelt es sich nur um einen Zweig der weitverästelten Tradition, die in dem französischen Gedicht ihre Wurzeln hat. Wir erwähnen ferner eine englische Bearbeitung aus dem Anfang des 13. Jhs; die lateinische Prosa der ›Gesta Romanorum‹, die weiterlief in das »Ehebüchlein« des Albrecht von Eyb (1472) und in das deutsche Volksbuch, und die in Spanien als Novelle und Drama, im Orient in einer koptischen Bearbeitung fortwirkte, sich in polnischen, russischen, bulgarischen Versionen fortpflanzte und – wie erwähnt – 1945 in Kalifornien eine Stimme weckte, die sich dann wieder mit der Hartmanns vereinigte.

Handlungsschema:

Prolog: 176 Verse spielen die Themenfolge Sünde-Reue-Buße-Gnade nicht eben ganz klar, aber leidenschaftlich bewegt durch. Hier fallen die das Programm des Gedichtes definierenden Worte: *sô enwart nie mannes missetât | ʒe dirre werlde sô grôʒ, | er enwerde ir ledic unde blôʒ, | ob si in von herʒen riuwet | und sich niht wider niuwet* (v. 46–50). Und: *daʒ ist diu wâre triuwe | die er ʒe gote solde hân: | buoʒe nâch bîhte bestân* (v. 76–78, gegen den vom *ʒwîvel* Erfüllten).

Vorgeschichte: Dem Teufel gelingt es, zwei elternlose Fürstenkinder so zu verblenden, daß der Bruder die Schwester verführt. Er stirbt den Minnetod auf der Bußfahrt ins Heilige Land; die Schwester bringt heimlich ihrer beider Kind zur Welt.

Hauptteil: Das Kind wird ausgesetzt und dem Meer, d. h. Gott anvertraut. Beigegeben ist ihm neben Schätzen eine Tafel, auf der die Mutter – ohne Namensnennung – sein Schicksal verzeichnet hat und die Bitte, man möge es gut erziehen und ihm zur rechten Zeit seine Geschichte eröffnen, *daʒ er læse daran | alle dise geschiht, | sô überhüebe er sich niht* . . . , und: *sô buoʒte er ʒaller stunde | durch sîner triuwen rât | sînes vater missetât, | und daʒ er ouch der gedæhte | diu in ʒer werlde bræhte: | des wære in beiden nôt | vür den êwigen tôt* (v. 750–752; 756–762).

Der Findling wächst in einer Fischerfamilie auf, besucht eine Klosterschule, wird nach dem Abte Gregorius genannt und glänzt durch Klugheit und Wissen. Ein Streit enthüllt ihm, daß er ein Fremder ist; er will nun aufbrechen in die Welt. In einer dramatischen, in drei Disputen ablaufenden Auseinandersetzung mit dem Abt erfährt er seine sündige Abkunft und reißt sich los – entgegen den Bitten und Mahnungen des Abtes, der ihm verzweifelt darzulegen versucht, daß er nach Anlage und Schicksal für den geistlichen Stand vorbestimmt sei. Gregorius aber will zu ritterlicher Tat in die Welt, vertraut sich wieder dem Meer an und kommt an ein Ziel. Er befreit die belagerte Stadt vom bedrängenden Feind und ehelicht die Herrin des Landes. Die Tafel, vor der Gregorius täglich betet, enthüllt das Geheimnis: Das inzestgeborene Kind hat seine eigene Mutter geheiratet! Sie trennen sich, in ihrer Verzweiflung dem Wahnsinn nah.

Gregorius bricht zum dritten Male zu sich auf. Ein böser Fischer bringt ihn – wieder – übers Wasser, setzt ihn auf einem Inselfelsen ab, kettet ihn in Eisenfesseln und wirft deren Schlüssel ins Meer. 17 Jahre später kommen, durch einen Traum geführt, zwei Legaten Roms, die in Gregorius den Nachfolger des verstorbenen Papstes suchen. Den sich Widersetzenden, durch die Furchtbarkeit seiner Askese körperlich fast Zerstörten überzeugt das göttliche Zeichen:

im Magen eines Fisches hat sich der Schlüssel gefunden; der Sünder ist gelöst!

Die Fürstin, vom Ruhm des Papstes angelockt, erhofft sich Erleichterung ihrer Sündenbürde und beichtet ihm. Sie erkennen sich, sind entsühnt wiedervereint, mit ihnen entsühnt ist der elende Vater.

Epilog: Alle Sünden können durch *riuwe* und *buoʒe* getilgt werden.

Dem ›Gregorius‹ mangelt es wohl an einer Struktur, die als Bestandteil des dichterischen Planes zu gelten hätte und mithin Bestandteil der dichterischen Aussage wäre, so daß eines sich in dem anderen verwirklichte (wie sie sich, mit verschiedenen Graden der Deutlichkeit, im ›Erek‹ und im ›Iwein‹ offenbarte). Eine der möglichen Gliederungen, die ihrerseits Erkenntnismittel sein kann und erhellende Skandierung des Geschehens, wäre diese:

Prolog

1. Exposition, Vorgeschichte, endend in der Katastrophe: Geschwisterinzest
2. Erste Ausfahrt (Aussetzung), Jugend des Gregorius, endend in der Katastrophe: Entdeckung der Elternlosigkeit
3. Zweite Ausfahrt, endend in der Katastrophe: Entdeckung der Eltern im Mutter-Sohn-Inzest
4. Dritte Ausfahrt, Bußzeit auf dem Felsen, endend in der Erlösung
5. Vierte Ausfahrt, Papsttum; endend in der Wiederentdeckung der Eltern (durch Wiedervereinigung mit der Mutter)

Epilog

(Eine andere Gliederung bei FRIEDRICH NEUMANN, ›Gregorius‹-Ausgabe, S. 29–30.)

6. Gehalt

Ein Kind wird geboren, ohne alle seine Schuld eine Frucht von Verhängnis und Sünde und sie vom ersten Atemzug an mit sich tragend. Es wächst heran zu dem Idealbild eines jungen Mannes und entschließt sich, in die Welt zu ziehen, um sich zu finden. Erbarmt sich der Bedrängten, hilft voller Tapferkeit, heiratet die von ihm gerettete Fürstin – heiratet in ihr, zu der er durch Schicksal und Liebe getrieben wurde, ohne all seine

Schuld seine Mutter. Und muß nun büßen – 17 Jahre einer Marter von unausdenklicher Grausamkeit. Büßen wofür? Schon der Prolog sagt es deutlich genug, daß der ›Gregorius‹ eine geistliche Dichtung ist, d. h. es unterliegen seine Handlungselemente nicht nur dem Urteil der christlichen Lehre (das würde für fast alle mittelalterlichen Epen gelten), sondern sie sind deren Demonstration und Funktion. Schon SCHÖNBACH hat festgestellt, „daß Hartmann in der erzählung von dem frommen sünder Gregor die hauptbegriffe der sünde und buße, somit den ganzen darin beschlossenen vorstellungskreis wesentlich so auffaßt, wie die kirche seiner zeit, ihre vorschriften und ihre lehrer". MAURER, GABRIELE SCHIEB und HILDEGARD NOBEL haben diese Feststellungen erweitert und dargelegt, daß die Materialien und Termini der kirchlichen Sünd- und Bußlehre reich in den ›Gregorius‹-Text eingegangen sind: der *contritio cordis* entspricht *ob si in von herzen riuwet* (v. 49), der *confessio oris* und *satisfactio operis* das *buoze nâch bîhte bestân* (v. 78), *houbethafter missetât* (v. 67) das *vitium capitale,* dem *zwîvel* die *desperatio* des Judas, welcher dem Mittelalter als Prototyp des an Gottes Vergebungswillen Verzweifelnden gilt (v. 2623), der *praesumptio* der *vürgedanc* (v. 21) – und vieles andere mehr, das wie unmittelbar aus kirchlicher Lehre in den mittelhochdeutschen Text übertragen aussieht. Man ist mithin genötigt, auch die Frage nach der Art der Schuld, christlich gesprochen: nach der Sünde des Gregorius an die kirchliche Sündenlehre zu richten.

Da ist allererst das Delikt des Inzestes – in zweifacher Form. Mithin ist zweifach zu fragen: Welches ist das Sündenmaß des inzestuöser Verbindung entstammenden Kindes? Und: Welches ist das Sündenmaß dessen, der unwissentlich und unwillentlich eine inzestuöse Verbindung eingeht? Die Antwort des Kirchenrechtes ist durchweg eindeutig: Zum Wesen der Sünde gehört nicht nur der objektive Tatbestand sondern der subjektive Wille des Täters. Die zeitgenössische theologische Literatur läßt keinen Zweifel daran, daß die Sünde des Gregorius nicht in der Inzest-Sünde seiner Eltern gesucht werden kann. Nicht anders sagt es Hartmann: *ouch ist uns ofte vorgeseit* (das ist Berufung auf die kirchliche Tradition!) | *daz ein kint niene treit* | *sînes vater schulde* (v. 475–477). – Doch auch beim unwissentlichen Mutter-Sohn-Inzest handelt es sich um einen den Gregorius entlastenden Tatbestand: er stellt lediglich eine objektive, keine subjektive Schuld dar und wäre nur vom Standpunkt blinder Erfolgshaftung her zu strafen, wie sie von der Moraltheologie des Mittelalters durchgängig abgelehnt wird (die das Wesen der Tat primär vom Willen des Täters her beurteilt). Grundsätzlich bedarf also der Mutter-Sohn-Inzest des ›Gregorius‹ als eine unwissentlich und unwillentlich begangene Sünde weder der Buße noch der Vergebung. An diesem Punkt hat schon früh die Kritik eingesetzt. Angesichts der grauenvollen Bußmartern des Gregorius hat man festgestellt, der Dichter sei an seinem theologischen Problem gescheitert und sei bei so offensichtlicher Abweichung vom kirchlichen Sünd- und Bußkanon vermutlich in den Sog der Volksmeinung geraten, gemäß der die Blutschande ein untilgbarer Makel war, deren Beurteilung keinen diffizilen Erwägungen über das Maß der Mitwirkung von Willen und Wissen der Täter unterlag: „ein gräuel vor gott und der welt. diese ansicht drückte das französische gedicht aus und ihr hat sich Hartmann mit vollem bewußtsein angeschlossen, trotzdem er, wie ich nicht bezweifle, über die auffassung des falles seitens der kirche unterrichtet war", meint Schönbach. Es wird sich indes zeigen, daß ein Rückgriff auf eine so unbestimmbare und unfaßbare Instanz wie die ʽVolksmeinung' sich erübrigt, denn die Vorgänge im ›Gregorius‹ sind sehr wohl nach den Kategorien der kirchlichen Lehrmeinung angelegt und aus ihnen verstehbar.

Das inzestuöser Verbindung entstammende Kind ist zwar unschuldig. Aber es hat nach Überzeugung der Moraltheologie teil an der *infamia* der Eltern. Dieser Umstand nötigt es zu einem bestimmten Verhalten. Darüber hinaus ist ihm bei der Ausfahrt in sein Leben eine ausdrückliche Verpflichtung auferlegt worden. Die unselige Mutter hatte der Tafel die Bitte an den Sohn mitgegeben, daß er *buozte ... zaller stunde | durch sîner triuwen rât | sînes vater missetât, | und daz er ouch der gedæhte | diu in zer werlde bræhte: | des wære in beiden nôt | vür den êwigen tôt* (v. 756 bis 762). Nicht also nur durch das Faktum seiner sündigen Geburt, sondern auch durch ausdrücklichen Auftrag der Mutter ist Gregorius die Aufgabe der Entsühnung seiner Eltern vermacht. Erfahre er das Unheil seines Ursprungs, so werde er – das war die Überzeugung der Mutter – bewahrt bleiben vor der Ursünde schlechthin, der *hôchvart*, der *superbia*; läse er von all diesem, *sô überhüebe er sich niht* (v. 752). Über sein Schicksal und den in ihm liegenden Auftrag ist sich Gregorius nicht im Unklaren: Weinend fragt er, *vervallen verre*, den Abt, wie er *gotes hulde gewinnen* möchte. Der Abt bedeutet ihm unmißverständlich, daß *ritterschaft* ihn nur heilloser verstricken werde (v. 1785 ff.). Stellvertretende Buße kann er nur leisten wenn er sich ganz Gott widmet und ein *klôsterman* wird. Gregorius aber treibt die *ritterlîche gir* (v. 1622), die *cupiditas*, die *superbia* in die Welt. Selbstliebe zwingt ihn dazu sich zu suchen, statt in Elternliebe demütig sich aufzugeben. Nur wenn man diese Art seiner Schuld versteht, kann man das Verhängnis des zweiten Inzestes verstehen. Durch seine Teilhabe an den Eltern hat Gregorius teil an deren *infamia*. Als er, sich dem durch seine Existenz ihm auferlegten und ihm durch Mutter und Abt vermittelten Auftrag entziehend, in die Welt ausbricht, um sich im Glanz ritterlichen Daseins zu bestätigen, zerbricht Gott ihn, indem er ihn in 'spiegelnder Strafe' jener Sünde anheimgibt, der er seine Existenz dankt und die er tilgen sollte. Unwissentlich zwar handelt er und unwillentlich, aber doch willentlich und wissentlich gegen seinen Auftrag verstoßend. Dadurch, daß er sich der Bußleistung für die elterliche Sünde entzieht, wird der Sohn in eben diese Sünde getrieben; in der Weigerung zur stellvertretenden Büßung einer Sünde liegt der Keim für das Begehen der gleichen Sünde. Solche Doppelung macht das Wesen der Schuld des Gregorius sehr deutlich. Man muß sich die Tragweite dieser Aussage, die für die Zeitgenossen eine bestürzende Botschaft gewesen sein wird, in aller Deutlichkeit vor Augen halten. Der Grundriß der höfischen Arena war bestimmt durch zwei Markierungspunkte, die sich in polarer Spannung bestätigen sollten, die sich in antinomischer Spannung zerstören und aufheben konnten: *minne* und *êre*. Diese beiden wichtigsten Glaubensartikel des höfischen Katechismus, die das Reich des Königs Artus ordnen (und mithin auch in den Romanen um Erek und Iwein eine dominierende Rolle spielen), werden im ›Gregorius‹ verdammt. *Minne*, die sittigende, erziehende und läuternde Macht schlechthin der 'höfischen Kultur', ist hier geradezu Werk des Teufels: Er vergiftet die Geschwister, von *minne* vergiftet stirbt der

Bruder; im Banne solcher Sünde wiederholt sich das pervertierte Spiel. Und *êre*, die ritterliche, das Wesen des höfischen Mannes konstituierende Tugend schlechthin – hier ist sie Instrument des Teufels und der Sünde. Um der *êre* willen wehrt die Schwester nicht dem Bruder, um der *êre* willen erlaubt man der Sünde Zutritt; die *êre* ist die Triebfeder, die den Jüngling Gregorius in die Welt treibt: er will nicht, sagt er dem Abt, *gemach für êre* (v. 1677; davor hatte schon Iwein Angst, und das schlug nicht zu seinem Besten aus); er will *guot und êre* erwerben (v. 1717), und seine Argumentation gipfelt in der rhetorischen Frage: *waʒ solde ich âne êre?* (v. 1714).

Minne und *êre* als Instrumente des Teufels, als Anreiz und Station der Sünde, das ist freilich ein buchstäblich erschütterndes Programm für ein Publikum von Minnesängern, für ein Adelspublikum mit sorgfältig gewahrten Rechten und Privilegien und einem hochempfindlichen Standesgefühl. Was ihm bisher in märchenhafter Verbrämung als Spiegelung der eigenen Existenz und ihrer Gesetze geboten worden war: der Ausritt des Helden in die Welt, die Befreiung der bedrängten Burgherrin, die *âventiure,* Achtung und Liebe der Welt in *minne* und *êre* – all dieses konnte also auch ein andres Gesicht tragen, sich als das Netz des Teufels erweisen, ausgelegt, die Menschen zu fangen in Untat und Sünde (vgl. DE BOOR II, 75–76). Dies ist das Wesentliche und Bedeutsame an Hartmanns Gestaltung des ›Gregorius‹: nicht die poetische Leistung an sich, die sich im Rahmen bewährter Tüchtigkeit hält, sondern die Konzessionslosigkeit seines ethischen Rigorismus (die sich auch in den Liedern offenbart). Er vollzieht hier wahrlich eine Demontage der höfischen Wertewelt, deren Gefährdung durch Wunsch und Schein er entlarvt. Er demontiert nicht total. Wohl aber lehrt er, daß alle diese Werte keinen Anspruch auf absolute Geltung haben, daß in ihnen allen auch ihre Gegenkraft angelegt ist, daß in ihnen allen der Keim zu ihrer Selbstauflösung und Selbstaufhebung ist; daß sie nicht als starrer Codex herrschen dürfen, daß sie sich in Wert und Würde nur bei rechter Anwendung entfalten, daß sie nicht verdorren dürfen zu Schema und Fetisch: Sie besitzt nur, wer sie immer neu erwirbt. Eine solche Botschaft ist nicht fern der von Hartmanns höfischen Romanen (und nicht fern dem ›Parzival‹) – indes steht dort der durch Neuerwerb zu erringende Besitz im Zentrum von Handeln, Denken und Fühlen; hier hingegen wird er zwar nicht in seinem Wesen verdammt, aber er wird abgestreift. Die höfische Welt von Herrschaft und Glanz wird verlassen, keine *êre,* keine *minne,* kein Fest und kein Turnier, nicht Artus und nicht Gawein, keine Pferde noch Falken, kein Land froher Schönheit das sich dem Helden nach seinem *âventiuren*-Bußweg öffnet: über die siebzehnjährige Büßerstrecke führt der Weg zu Gott, und keine harmonische Fügung läßt Anfang und Ende sich freundlich finden; was im ritterlichen *Equitânjâ* begann, endet unter dem Glockenklang Roms. Das ist Hartmanns gegenhöfische Wendung.

Zurück zur Schuld des Gregorius. Wir glauben darin eine wesentliche Vertiefung der stoffgebundenen Problematik sehen zu dürfen, daß Hartmann (entschiedener wohl als seine Quelle) den Helden herausnimmt aus dem Vernichtungsmechanismus eines unmenschlichen Schicksals, herausnimmt aus dem Automatismus von Inzest und wieder Inzest, in dem ein schauderhafter Zufall sein grausames Spiel treibt. Hier ist vielmehr dem Menschen sein Schicksal in die Hand gegeben, er hat die freie Wahl zu *genesen* oder zu *verderben* (v. 1448) – er wählt das *verderben.* So erschließt sich dieser scheinbare Wahnwitz des Zufalls als konsequentes Resultat sündhafter Verfehlung. Denn die Theologie des Mittelalters stimmt darin überein, daß der Akt der Tatsünde in dem Sündigenden einen bestimmten defizienten Zustand erzeugt, den die geistliche Literatur vornehmlich durch das Bild der seelischen Verdunkelung wiedergibt: Blindheit, Verblendung, Beschattung der Sinne. Gregorius hat wissentlich und willentlich den seiner Bestimmung gemäßen Weg verfehlt. Gott urteilt über diese Verfehlung, indem er den Verblendeten, der seiner Mutter Sünde nicht abbüßen wollte, seiner Mutter Verfallenheit vermehren läßt; und die seine dazu. Solchermaßen erklärt sich die grauenvolle Verstrickung; Inzest als Inzestfolge, Sünde als Sündenfolge. Solchermaßen erklärt sich auch das furchtbare Bußwerk, das Gregorius sich auferlegt. (Der Mutter fordert er ein vergleichsweise harmloses ab, da sie ein Leben geführt hatte gemäß den Gesetzen der Kirche, insbesondere sich gemäß deren Dekreten einer Ehe widersetzt hatte, wie die Kirche den *incestuosis* auferlegt [s. SCHÖNBACH

S. 95; die Heirat erfolgte unter dem Druck der Magnaten ihres Landes]. Er verlangt – theologisch gebildet wie er ist – Bußwerke von ihr, die sich „vollkommen mit den kirchlichen anschauungen seiner zeit" decken [SCHÖNBACH S. 99]: Beichte, Buße, Barmherzigkeit und Mildtätigkeit, und die Tränen der Reue.) Die Bußart, die Gregorius sich aufzwingt, hat wiederum den Charakter einer 'spiegelnden Strafe'. Er verbannt sich aus der Welt – in solcher *satisfactio congrua, poena talionis* spiegelt sich (nicht spezifisch der Inzest sondern) die Hybris der Weltgesinnung. Denn der Inzest (als Sündenfolge) hat lediglich signifikante Bedeutung, in ihm wird die eigentliche Sünde manifest.

Der ›Gregorius‹ ist die Geschichte von dem Menschen, der seinem eingeborenen Schicksal ausweichen wollte – und ihm um so furchtbarer verfiel. Die Geschichte von dem Menschen, der nicht für die Welt bestimmt war, sondern für die Abgeschiedenheit, nicht für Glanz und Sieg, sondern für Demut und Buße, nicht für Macht und Liebe, sondern für Armut und Einsamkeit. Da er aber doch die Welt begehrte, wurde er aus ihr verstoßen. Eine Geschichte, die lehrt, daß Schönheit und ritterliche Bewährung, *minne* und *êre* und *guot* nicht Werte sind, die autokratischen Herrschaftsanspruch haben; die lehrt, daß diese ganze programmatisch verherrlichte ritterliche Idealwelt, an deren Verkündigung Hartmann so wesentlichen Anteil hat, nicht absolut gesetzt werden darf. Da offenbart sich, daß der 'Bruch' in Hartmanns Dichten und Lehren so radikal nicht ist, wie er sich dem ersten Augenschein bietet. Denn ein gleiches sagen seine Artusromane auch – nur mit ein wenig anderen Worten und milderer Konsequenz. Das Exempel des Zeitmärchens verlangt nicht den radikalen Rigorismus des geistlichen Exempels. Daß freilich Verschuldung, Sünde und Sturz die notwendigen Voraussetzungen sind für endlich die glorreiche Erhebung; daß die Schuld sich letztlich als *felix culpa* erweist, das Ausweichen vor dem auferlegten Schicksal mithin schließlich als Erfüllung des auferlegten Schicksals erscheint, ist eine Erwägung, die weniger auf den Plan der Dichtung als auf den Glauben an den Heilsplan Gottes zielt. Von diesem Ende her ist die Moral der Geschichte konzipiert, die dem Menschen verkündet, daß die größte Sünde begeht, wer in seiner

Sünde an Gottes Gnade verzweifelt. So eindeutig diese Lehre exemplifiziert wird, so wenig kann sie als Summa jener Fassung des Gedichtes gelten, deren Dichter Hartmann ist. Er übernahm das Muster, um an ihm weniger das Handeln Gottes als das des Menschen zu zeigen, weniger die Gnade als die ihrer bedürftige Sünde, weniger die Rettung als die Gefährdung. Mag er von der anderen Welt dichten, er dichtet für diese Welt – das ist sein 'ritterliches' Amt.

Literatur:

Editionen: 1838 durch Karl Lachmann (berücksichtigt nur A, C, E; Lesarten: ZfdA 5, 1845, S. 32–69). – 1867: auf Lachmann basiert Fedor Bechs Ausgabe, die sich in den späteren Auflagen jeweils dem vermehrten Handschriften-Material anzupassen sucht; ²1873, ³1891, ⁴Nachdruck 1934. – 1873: die große kritische Ausgabe von Hermann Paul, noch heute unentbehrlich wegen der Einbeziehung des gesamten damals bekannten Handschriften-Bestandes (auf Grund von A, E, G und der Fragmente C, D u. H, also noch ohne den vollständigen Eingang, der hier nur durch das von G gelieferte Rudiment vertreten ist). – 1882: zum erstenmal vollständig (nach Auffindung von J) in der Kleinen Ausgabe von Hermann Paul (Altdt. Textbibl. 2); ab 6. Aufl. bearb. v. Albert Leitzmann, ¹²1973 von Ludwig Wolff, mit weiteren »Änderungen und Ergänzungen« versehen (enthält ein Verzeichnis der Abweichungen von Pauls großer kritischer Ausgabe). – 1958 durch Friedrich Neumann als Bd 2 der Neuen Folge der ›Deutschen Klassiker des Mittelalters‹ (mit reicher, das gesamte Schaffen Hartmanns einbeziehender Einleitung und [gelegentlich über den Zweck bloßer Sacherhellung hinausgehendem] Commentarius perpetuus). – Konrad Zwierzina, Überlieferung und Kritik von Hartmanns ›Gregorius‹, in: ZfdA 37, 1893, S. 129–217. – 1967 durch Ernst Schwarz (zusammen mit dem ›Armen Heinrich‹): Text, Nacherzählung und Worterklärungen. – Hartmann von Aue, Gregorius. Die Überlieferung des Prologs, die Vaticana-Hs. A und eine Auswahl der übrigen Textzeugen. In Abbildungen hg. u. erläut. v. Norbert Heinze. 1974 (= Litterae 28); dazu: Alfred Ebenbauer, Manfred Zips in: Beitr. (Tüb.) 96, 1974, S. 405–413.

Übersetzungen: zuletzt 1939 Reinhard Fink; 1974 Burkhardt Kippenberg (dem Urtext in der Fassung Friedrich Neumanns gegenübergestellt).

In den Literaturgeschichten: VOGT S. 238–246; EHRISMANN S. 184–196; SCHNEIDER S. 287–289; SCHWIETERING S. 156–157; DE BOOR II S. 74–77; SCHÖNBACH S. 83–130; SPARNAAY Bd I S. 126–179; KARL BERTAU Bd I, S. 621–635.

HELLMUT ROSENFELD, Legende. 1961, S. 49 (›Sammlung Metzler‹).

HENDRICUS SPARNAAY, Verschmelzung legendarischer u. weltlicher Motive in der Poesie des Mittelalters. 1922, S. 11–56.

Ders., Der Enkel des Königs Armenios und die Gregorsage. In: Miscellanea Litteraria, Groningen 1959, S. 123–139; wieder abgedruckt in: Zur Sprache und Literatur des Mittelalters. 1961, S. 247–262.

OTTO RANK, Das Inzestmotiv in Dichtung und Sage. ²1926.

LUISE BERTHOLD, Beobachtungen zum Meier Helmbrecht. In: GRM 34, 1953, S. 242–244. Fortgeführt von

KURT RUH, Helmbrecht und Gregorius: In: Beitr. (Tüb.) 85, 1963, S. 102–106.

H. W. J. KROES, Die Gregorlegende. In: Neophilologus 38, 1954, S. 169–175; dagegen: HENDRICUS SPARNAAY, Zum ›Gregorius‹. In: ebda 39, 1955, S. 16–23.

GABRIELE SCHIEB, Schuld und Sühne in Hartmanns ›Gregorius‹. In: Beitr. (Halle) 72, 1950, S. 51–64.

FRIEDRICH MAURER, Leid, S. 50–55.

HILDEGARD NOBEL, Schuld und Sühne in Hartmanns ›Gregorius‹ u. in der frühscholastischen Theologie. In: ZfdPh. 76, 1957, S. 42–79.

PETER WAPNEWSKI, in: ZfdPh. 80, 1961, S. 236–238, 240–243 (daraus gelegentlich wörtliche Formulierungen in diesen Text übernommen).

ANKE BENNHOLDT-THOMSEN, Die allegorischen *kleit* im *Gregorius*-Prolog. In: Euph. 56, 1962, S. 174–184.

WOLFGANG DITTMANN, Hartmanns ›Gregorius‹. Untersuchungen zur Überlieferung, zum Aufbau u. Gehalt. (Philol. Studien u. Quellen. 32). 1966. – Rezz.: BERNHARD SOWINSKI, WW 17, 1967, S. 357; LUDWIG WOLFF, Beitr. (W.) 89, 1967, S. 96–100.

K.C.KING, Zur Frage der Schuld in Hartmanns Gregorius. In: Euph. 57, 1963, S. 44–66.

FRITZ TSCHIRCH, 17–34–153. Der heilsgeschichtliche Symbolgrund im ›Gregorius‹ Hartmanns von Aue. In: Böckmann-Festschrift, 1964, S. 27–46.

OLAF SCHWENKE, Gregorius de grote sünder. (Eine erbaulich-paränetische Prosaversion der Gregorius-Legende im zweiten Lübecker Mohnkopf Plenarium) In: Jahrb. des Vereins für niederdeutsche Sprachforschung, 90, 1967, S. 63–88.

K.C.KING, The Mother's Guilt in Hartmann's Gregorius. In: Norman-Festschrift, London 1965, S. 84–93.

Hans Schottmann, Gregorius und Grégore. In: ZfdA 94, 1965,
S. 81–108.

Christoph Cormeau, Hartmanns von Aue ›Armer Heinrich‹ und
›Gregorius‹. Studien zur Interpretation mit dem Blick auf die
Theologie zur Zeit Hartmanns. (Münchener Texte u. Untersu-
chungen zur dt. Lit. des MAs. Bd 15.) 1966. (Von meiner Darstel-
lung abweichende Erklärung des Schuldkomplexes.) – Rez.:
Friedrich Neumann, Beitr. (W). 89, 1968, S. 363–367.

Horst Wenzel, Der ›Gregorius‹ Hartmanns von Aue. Überlegun-
gen zur zeitgenössischen Rezeption des Werkes. In: Euph. 66,
1972, S. 323–354.

Ulrich Pretzel, Zum Prolog von Hartmanns ›Gregorius‹, mit
einem Exkurs über einen Sondergebrauch von mhd. 'ein'. In:
Festschrift Gerhard Cordes, 1973, Bd I, S. 117–125.

L. Robert Grandin: Guot, güete, unguot, guottat: a word study
in Hartmanns ›Gregorius‹. In: Mod. Lang. Notes 88, 1973,
S. 927–946.

H. Bernard Willson, Unmâze in Hartmanns Gregorius. In:
Medium Aevum (Oxford) 42, 1973, S. 224–237.

Frank J. Tobin, ›Gregorius‹ and ›Der arme Heinrich‹. Hartmanns
Dualistic and Gradualistic Views of Reality. 1973. (= Stanford
Germ. Studies 3).

Grundsätzlich zweifeln an der Berechtigung einer theologischen
Begründung der Schuldfrage:

Naohiko Tonomura, Zur Schuldfrage im ›Gregorius‹ Hartmanns
von Aue. In: WW 18, 1968, S. 1–17.

Werner Schwarz, Free Will in Hartmann's Gregorius. In: Beitr.
(W). 89, 1968, S. 129–150.

Rosemarie Picozzi, Allegory and symbol in Hartmann's Gregorius.
In: Essays on German literature. 1968, S. 19–23.

K. Dieter Goebel, Hartmanns »Gregorius-Allegorie«. In: ZfdA 100,
1971, S. 213–226 (versucht, Annahme einer Kontamination im
Prolog zum Gregorius zu widerlegen; bringt gute Argumente für
seine Ansicht).

Ders., Untersuchungen zu Aufbau und Schuldproblem in Hartmanns ›Gregorius‹. 1974 (= Philologische Studien und Quellen
H. 78).

Forschungsbericht:

Elisabeth Gössmann, Typus der Heilsgeschichte oder Opfer mor-
bider Gesellschaftsordnung? Ein Forschungsbericht zum Schuldproblem in Hartmanns Gregorius (1950–1971). In: Euph. 68
1974, S. 42–80.

Zu Thomas Mann »Der Erwählte«:

Bruno Boesch, Die mittelalterl. Welt u. Thomas Manns Roman »Der Erwählte«. In: WW 2, 1951/52, S. 340–349.

Hermann J. Weigand, Thomas Manns Gregorius, I–V. In: The Germanic Review XXVII, 1952, S. 10–30, 83–95.

Cor Soeteman, De Gregoriuslegende bij Hartmann von Aue en Thomas Mann. In: Duitse Kroniek. Amsterdam 1952/2, S. 38–46;

Ders., Alter Wein in neuen Schläuchen. Über Stofferfindung und Stoffentlehnung in der deutschen Literatur. In: Levende Talen 205, Groningen 1960, S. 360–371.

Karl Stackmann, »Der Erwählte«, Thomas Manns Mittelalter-Parodie. In: Euph. 53, 1959, S. 61–74.

Alois Wolf, Gnade und Mythos. Zur Gregoriuslegende bei Hartmann von Aue und Thomas Mann. In: WW 12, 1962, S. 193–209.

Alois Wolf, Gregorius bei Hartmann von Aue und Thomas Mann. 1964.

Hans Wysling, Die Technik der Montage in Thomas Manns *Erwähltem.* In: Euph. 57, 1963, S. 156–159.

Margret Eifler, Thomas Mann. Das Groteske in den Parodien ›Joseph und seine Brüder‹, ›Das Gesetz‹, ›Der Erwählte‹. 1970 (= Abhandlungen zur Kunst-, Musik- und Literaturwissenschaft Bd 102).

Jan Knopf, Anfängliches. Notiz zu Thomas Manns ›Der Erwählte‹. In: Nietzsche St. I. 1972, S. 423–426.

Zum Verhältnis Gregorius-Parzival:

Hermann Schneider, Parzival-Studien, 1947, S. 11–31.

Peter Wapnewski, Wolframs Parzival, 1955, S. 15–27.

IX. Der Arme Heinrich

„Den Ekel gegen einen aussätzigen Herrn, für den sich das wackerste Mädchen aufopfert, wird man schwerlich los; wie denn durchaus ein Jahrhundert, wo die widerwärtigste Krankheit ineinemfort Motive zu leidenschaftlichen Liebes- und Ritterthaten reichen muß, uns mit Abscheu erfüllt." So Goethe 1811 über den ›Armen Heinrich‹, „ein an und für sich betrachtet höchst schätzenswerthes Gedicht", das ihm jedoch erwähnter Ursache halber „physisch-ästhetischen Schmerz" erregte (WA Bd 36, S. 72–73). Irrt er hier? Sein Urteil konnte schon deshalb nicht gerecht sein, weil ihm die Erzählung lediglich in der miserablen ʿModernisierungʾ durch Johann Gustav Büsching (1810) bekannt war (die Jacob Grimm in den Heidelberger Jahrbüchern von 1812 bitter verdammte). Aber es steht noch mehr hinter Goethes Ablehnung: Die Reserve gegenüber dem ʿKrankenʾ, die selbstbewahrende Abkehr von Bereichen, die im Bilde von Hinfälligkeit und Häßlichkeit Kräfte freiließen, die er selber mühsam genug gebannt hatte – so konnte er nicht sehen, wie hinter der widerwärtigsten Krankheit die strafende Hand Gottes, hinter des wackersten Mädchens Opferbereitschaft die Gnade der Erlösung wirkt, Erlösung von den Furien der Ichbesessenheit.

1. Überlieferung

Der ›Arme Heinrich‹ ist schlecht überliefert. Wir haben 3 vollständige Handschriften, die zwei Redaktionen vertreten (A und B): A ist eine 1870 verbrannte Straßburger Handschrift, die erhalten ist durch den Abdruck des Schweizers Christoph Heinrich Myller (im 1. Band von dessen »Sammlung«, 1784), der seinerseits auf einer Abschrift Johann Jacob Breitingers fußt. Die Redaktion B ist vertreten durch die Handschriften B^a (Heidelberg; 1. Hälfte 14. Jh.) und B^b (Kalocsa in Ungarn; 1. Hälfte 14. Jh.), die jedoch textkritisch nur einen Zeugen darstellen, weil B^b nach den Untersuchungen Zwierzinas unmittelbar von B^a abgeschrieben worden ist. Hinzu kommen zwei Fragmente: C (St. Florian/Oberösterreich; 13./14. Jh.;

61 Verse, davon einige fragmentarisch) und D (Indersdorf bei Dachau; 14. Jh.; 117 Verse, davon einige fragmentarisch). Die Überlieferung setzt also sehr spät ein. Schlimmer ist, daß schon die Vorlage den Text des Originals sehr frei behandelt hat. Man hat grundsätzlich dem zwar unzuverlässig überlieferten aber dem Originale näheren Wortlaut von A zu folgen (denn die 61 Verse der allein guten Überlieferung C helfen nicht weit, und D steht in nahem Verhältnis zu B). Der ›Arme Heinrich‹ ist also das am dürftigsten überlieferte Werk Hartmanns (selbst der ›Erek‹ mit seiner einen späten Handschrift scheint uns dem Original näher), und so haben die Herausgeber in redlicher Resignation nicht vorgegeben, etwa den Urtext zu liefern, sondern „bestenfalls" eine Fassung, wie sie „Hartmann gedichtet haben könnte" (LUDWIG WOLFF).

2. Nachwirkung

Keine andere deutsche Dichtung der höfischen Spielart des Mittelalters hat an das Herz der Nachwelt so innig gerührt wie der ›Arme Heinrich‹ – das wird deutlich schon an der großen Zahl der Editionen und Übersetzungen. Der Stand der Überlieferung läßt vermuten, daß die Mitwelt nicht gleichermaßen entzückt von diesem Werk dachte. Die Neuzeit hat sich seiner mit liebenden Organen angenommen und es ihren Gesetzen immer wieder künstlerisch anzuverwandeln gesucht: ADALBERT VON CHAMISSO machte eine große Ballade in Strophen daraus (1839 im »Deutschen Musenalmanach«, den Brüdern Grimm gewidmet); LONGFELLOW webte in seine »Golden Legend« (1851) auch den ›Armen Heinrich‹ hinein, HANS PFITZNER verarbeitete ihn zur Oper (1895, Libretto von James Grun), RICARDA HUCH zu einer Novelle (1898), GERHART HAUPTMANN zu einem Drama (1902), und 1925 ließ ihm der strenge RUDOLF BORCHARDT mit formgewaltiger Hand eine archaisierende Erneuerung angedeihen.

3. Die Tradition der Aussatzsage

Der Aussatz ist in den Geschichten der Alten nicht eine Krankheit wie andere. Der von ihr Befallene war ausgestoßen aus der Gemeinschaft der Lebenden, die Vergiftung des Fleisches wurde begriffen als Zeichen der seelischen Vergiftung (so nennt auch Gregorius, als er vom Stein erlöst werden soll, sich einen Aussätzigen, v. 3513), mit der Gott den Bösen strafte (s. 4. Mose 12; Matth. 8, 2–4; Marc. 1, 40–44; Luc. 5, 12–14; zu anderen Kulturbereichen s. SPARNAAY I, S. 3). Die furchtbare Krankheit sorgte selbst dafür, daß Denken und Fürchten der Menschen sich ständig mit ihr beschäftigte; so nahm sie ihren Einzug in Sagen und Geschichten, und Abscheu, Grauen und Mitleid woben sich um die Gestalt des Geschlagenen.

Die Aussatzgeschichten des Mittelalters formieren sich in zwei Grundtypen: dem eigentlichen Barmherzigkeitstypus, wie er am bekanntesten vertreten wird durch die ›Sylvester‹-Legende; und dem der Freundschaftsprobe, d. h. einem Erzähltypus, in dem das Motiv der Krankenheilung verbunden wird mit dem der Freundesbewährung.

Die ›Sylvester‹-Legende vom Ende des 5. Jhs erzählt, wie Kaiser Konstantin vom Aussatz befallen wurde und sich weigert, die Heilung zu empfangen durch ein Bad in Knabenblut. Da kann ihn der Papst Sylvester heilen durch die Taufe. Die Sage ist in der mittelhochdeutschen Literatur behandelt in der ›Kaiserchronik‹ (von wo sie in den ›Trierer Sylvester‹ überging), durch Konrad von Würzburg, im ›Passional‹, in »Der Heiligen Leben« u. ö. – Der Typus der Freundschaftssage, dem es ursprünglich um die Erprobung eines Freundes gegenüber der Frau des anderen geht (›Athis und Prophilias‹; ›De Landfrido et Cobbone‹) wird mit dem Aussatzmotiv verbunden etwa in der Geschichte von ›Amicus und Amelius‹: Der eine der Freunde wird aussätzig und kann nur geheilt werden durch das Blut eines der Kinder des anderen. Außer in lateinischen und französischen Fassungen findet sich der Stoff bei Konrad von Würzburg (›Engelhart‹), in den ›Jakobsbrüdern‹ des Kunz Kistener, in der erbaulichen ›Seelentrost‹-Sammlung u. ö. Wie aus diesen und ähnlichen Geschichten erhellt, provozierte die extreme Furchtbarkeit der Krankheit ihre Anwendung in extremen und elementaren menschlichen Situationen. Nur das äußerste Opfer, das des menschlichen Lebens, kann menschliches Leben zurückgewinnen – der Gedanke ist uralt und wurzelt in urtümlichen mythischen Vorstellungen und Ritualen. In gewisser Verengung tritt er auf in dem Gebot der Gottheit an den Menschen, sein Liebstes zu opfern; sobald er sich in Demut und Ergebung zu diesem Akt überwindet, erläßt der Gott sie ihm und nimmt den Willen für die Tat: Abraham und Isaak; Agamemnon und Iphigenie; Alkestis und Admetos.

Solche Opfermentalität übertrug sich auch auf die Aussatz-geschichten. Schon Plinius und noch Paracelsus behauptet, daß Blut den Aussatz heilen könne. Insbesondere mußte der christlichen Welt dieser Gedanke einleuchten in Analogie zum Blut Jesu, „welches vergossen wird für Viele zur Vergebung der Sünden".

triuwe und bärmde (v. 1366) bewähren sich im ›Armen Hein-rich‹ derart, daß Gott eingreifen und heilen kann. *triuwe und bärmde* sind die wesentlichen Komponenten der ›Sylvester‹- und der Freundschaftssage. Ohne sie ist Hartmanns Geschichte nicht denkbar. Aber schon ein erster Blick zeigt, daß und wie sehr Hartmann das Thema verinnerlicht und erhoben hat. Es geht nicht um eine Bewährung in der Welt, sondern am mensch-lichen Handeln bewährt sich das Bestehen oder Versagen vor Gott. Die Welt sieht dem, was hier geschieht, mit verständnislo-sem Staunen zu, im übrigen verhält sie sich passiv. Der ver-tieften Form der Bewährung entspricht auch ihre Doppelung: Das Blutopfer bietet sich freiwillig dar (in den erwähnten Sa-gentypen wird es nicht gefragt), und solchem Opfer aus freiem Willen korrespondiert das Verzichtopfer des Kranken.

4. Hartmanns Quelle

Im Prolog des ›Armen Heinrich‹ berichtet Hartmann mit einer über die übliche topische Rhetorik hinausgehenden Eindringlichkeit, er habe sich die Suche nach einer seinen Vor-stellungen entsprechenden Vorlage sauer werden lassen (v. 8 ff.). Diese *rede* wolle er nun *diuten*. Das kann heißen: „erklären". Es kann aber auch heißen: „deutsch machen", „übersetzen". Auch der ausdrückliche Hinweis auf seine Gelehrsamkeit, der sonst ein wenig naiv klingt und sich nicht auf die Kenntnis des Französischen beziehen läßt, rechtfertigt sich am ehesten, wenn man an eine lateinische Quelle denkt.

Zwei lateinische Exempla, in Breslauer Handschriften aus dem 14. und 15. Jh. überliefert und ›Henricus pauper‹ (B) und ›Albertus pauper‹ (A) betitelt, Stücke wie sie oft in Legenden-

und Mirakelsammlungen eingebettet sind, um den erbaulichen und belehrenden Stoff zu liefern oder zu illustrieren, enthalten im Kern Hartmanns Geschichte. Diese „Predigtmärlein" (wie der deutsche Terminus lautet) gehen zurück auf ältere Aufzeichnungen. Stellt man sie zu Hartmann, so ergeben sich vier Möglichkeiten:

a) Das Exemplum (seine Vorstufe) war Hartmanns Quelle (so KLAPPER);

b) Hartmann war die Quelle des Exemplum (seiner Vorstufe) (so CARL VON KRAUS);

c) Hartmann und das Exemplum gehen auf eine gemeinsame Quelle zurück (so SPARNAAY);

d) Hartmann und das Exemplum sind genealogisch nicht verknüpft, sondern unabhängige Ausformungen der gleichen Geschichte (so PAUL, LEITZMANN, WOLFF).

Die Frage ist nicht geklärt. Es muß überdies ja bedacht werden, daß es sich um eine Familientradition handeln kann (s. DE BOOR S. 77; freilich ist es nicht ungewöhnlich, daß Sagenzüge auf konkrete Personen übertragen werden).

5. Gehalt

Handlungsschema:

Heinrich, ein fürstengleicher Herr, ausgezeichnet mit allen Tugenden Leibes und der Seele, Inbegriff ritterlich-höfischer Menschlichkeit, wird inmitten des Glanzes seiner Vollkommenheit vom Aussatz befallen – ist damit ausgesetzt aus der Welt. Die medizinischen Kapazitäten versagen, aus Montpellier und Salerno kehrt der Kranke ohne Trost zurück – denn die vom *meister* zu *Salerne* genannte Medizin ist dem Zynismus näher als der Hoffnung: Heinrich könne genesen, wenn ein reines Mädchen ihr Blut für ihn gebe*.

* Crux der Textfassung: A verlangt von dem Mädchen, daß sie *érbœre* (v. 225) und *manbœre* (v. 447) sei, B: *vríebœre* (v. 225, ein mitteldeutsches Wort). Entsprechend der schon in dieser Überlieferung zutage tretenden Tendenz verfahren die Konjekturen: sie wollen entweder auf die Bedingung der sittlichen Reinheit hinaus (KRAUS: *vrambœre*), oder auf die Heiratsfähigkeit (WACKERNAGEL: *híbœre*). SCHIROKAUER und RANKE schlagen im Anschluß an die Lesart B *vríbœre* vor, „frei im Entschluß" – gewiß die vom Sinne her am ehesten befriedigende Lösung, denn die Bedingung, das Opfer

Er verteilt seine Habe und zieht sich zurück auf den Hof eines seiner Pächter, der ein *vrîer bûman* ist, eine tüchtige Frau und eine Tochter hat, die acht (so A v. 303; B: zwölf) Jahre alt ist. Sie pflegen und versorgen ihn, und das Kind hängt ihm an in rührender Liebe. Als er eines Tages auf die Frage nach seiner Krankheit erklärt, sie sei eine Strafe Gottes, der ihn, da er ein *welttôre* war, mit *siecheit* geschlagen habe die *nieman mac erlœsen*, da ist das Mädchen von Stund auf eine andere, sie wird *erlœsen*, lodert als eine Flamme in der Lust zum Opfer, der Lust zum Tode. In langen verzweiflungsvollen Gesprächen mit den armen Eltern proklamiert sie ihre Sendung (im ›Armen Heinrich‹ mehr noch als im ›Gregorius‹ fallen die großen Entscheidungen im Gespräch – beide Dichtungen sind Darstellungen nicht äußeren Geschehens sondern inneren, und in der Konzentration auf den Dialog schlägt sich der Geist scholastisch-theologischen Denkstils nieder). – Der Herr sträubt sich anfangs, das Opfer anzunehmen, willigt dann ein, und sie fahren nach Salerno, das Mädchen kostbar gekleidet wie ein Glaubenszeuge auf dem Weg zum Martyrium. Der Arzt wetzt das Messer, das Kind liegt angebunden auf dem Tisch, Herr Heinrich erblickt es durch ein Loch in der Wand – und angesichts der Lieblichkeit ihres bloßen Körpers gewinnt er einen *niuwen muot* und „verkehrt" *vil drâte | sîn altez gemüete | in eine niuwe güete*: Metanoia. Er hindert den *meister* – der froh ist darob – an der Tötung. Nun aber stürzt das Kind in die Klüfte abgründiger Verzweiflung, schreit, schimpft, wütet, daß Feigheit ihr die *himelkrône* genommen, sie, da zum Leben, zum eigentlichen Tode verurteilt habe. Sie fahren zurück, er in Erwartung von *laster unde spot,*

müsse sittlich rein sein, ist banal, die der Heiratsfähigkeit befremdlich, weil sie einen den Gang der Fabel verbiegenden Akzent setzt (wobei freilich nicht vergessen werden darf, daß die Geschichte mit einer Heirat endet, daß Heinrich das Kind 'scherzhaft' mit *gemahel* anredet, daß es der Anblick ihres nackten Körpers ist, der ihn zur Umkehr ruft!). Falls für 'Heiratsfähigkeit' hier = 'Mündigkeit' zu setzen wäre, also die Entscheidungsfreiheit gemeint ist, wäre solche Bedingung doch sehr merkwürdig verklausuliert. Zuletzt GÜNTHER JUNGBLUTH (GRM 36, 1955, S. 263–265): *diu vollen man verbære,* „nichts vom Manne weiß" (*verbære* aus der Wiederholung der Bedingung in B v. 447, wo es heißt: *daz si niht verbære,* „daß sie nicht unterließe" [sich zu opfern]) und FRIEDRICH NEUMANN, Lebensalter im ›Armen Heinrich‹ Hartmanns von Aue. In: Festschrift für Ludwig Wolff 1962, S. 217–239: *vollen verbære* „rechtlich zu verantwortlichen Entschlüssen fähig". – s.a. JEAN FOURQUET, Vriebaere:vrigebaere. In: Etudes Germ. 16, 1961, S. 23–26.

das Mädchen mehr tot als lebendig vor Verzweiflung. Da erkennt
Gott *ir triuwe und ir nôt*, der er sie beide versucht hat wie einst seinen
Knecht Hiob, und scheidet *si beide | von allem ir leide | und machete in
dâ zestunt | reine unde wol gesunt* – ja Heinrich wird schön wie als Jüng-
ling. Der Rat der Verwandten, Freunde und Leute stimmt fröhlich
dem Entschluß des Herren zu, das Mädchen zu heiraten: *nû ist si vrî
als ich dâ bin;* und sie leben lang und glücklich und gehen endlich ein
in Gottes Reich.

Sofern sich von den Prologangaben des ›Armen Heinrich‹
Fragen und Antworten zu Hartmanns Person ergaben, sind sie
im Kapitel I (S. 3–12) behandelt. Desgleichen war dort die
Rede von der soziologischen Problematik des Geschehens.
Hier sei nur noch die Gegenfrage gestellt: Zwar mag die Heirat zwischen Bauernkind und Freiadligem eine standesmin-
dernde Mesalliance bedeuten, mithin das Geschlecht diskredi-
tieren. Wie aber, wenn eine solche Mißheirat zur Stammesge-
schichte des Geschlechtes gehört? Dann wäre sie schwerlich
schöner zu entschuldigen, der Unfall kaum inniger zu verklä-
ren als mit Hilfe dieser Geschichte, die unter solchem Gesichtspunkt nicht Diskreditierung, sondern das Gegenteil bedeutete
(s. SPARNAAY II, S. 2). Die Frage bleibt mit manchen Rätseln
belastet. Wenn allen Helden von Hartmanns Erzählungen das
gleiche geschieht: sie herausgebrochen werden aus einer Ordnung, die eine Scheinordnung war, da sich äußerer und innerer
Status nicht deckten, Auftrag und Tun, Amt und Sein nicht
einander entsprachen, dann äußert sich diese Konzeption im
›Armen Heinrich‹ in der radikalsten Form. Während nämlich
in den drei anderen Epen der Defekt des Helden manifest wurde
an einer Schuldhandlung (*verligen,* Terminversäumnis, Inzest),
ist (ein dem 20. Jh. vertrauter Gedanke) des Herrn Heinrich
Schuld sein bloßes Dasein. Die Verse 32 bis 74 des Prologs
sind ein Katalog aller menschlicher Vollkommenheit, preisen
in Heinrich die köstlichste Verwirklichung des *humanum,* rüh-
men seine Herkunft wie seinen Charakter, seine Schönheit wie
seine Taten mit einer Verzückung, wie sie nur der Vollendung
gebührt: und dieser Mann, der kein Erek- und kein Iwein- und
kein Parzival- und kein Gregorius-Fehl an sich hat, wird von
Gott geschlagen, schlimmer als seine sich verschuldenden Brüder: *in ergreif diu miselsuht.* Die Frage nach dem 'Warum' konnte

der mittelalterliche Mensch leichter beantworten als der des 20. Jhs. Heinrich selber klärt sie in seiner großen Confessio v. 383–417. Ihm fehlte, so reich ihm das *utile* und das *honestum* geschenkt waren, das *summum bonum*: *gotes hulde*. Er war ein *welttôre*, glaubte es sei sein Besitz und Verdienst, was doch nur von Gott geliehen war. *tumber wân* und *übermuot* leiteten ihn, blind war er und nicht allezeit eingedenk, daß sein *wunschleben* ein Gnadengeschenk war – *wol gedienet* hat er, daß Gott ihn strafte. Selbstgerechtigkeit ist die Sünde des Herrn Heinrich, eine mildere Spielart der Ursünde *superbia*. Sie wird in 'spiegelnder Strafe' gesühnt: der Weltverliebte wird ausgesetzt, aus der Welt verstoßen; der in strahlender Schönheit Glänzende wird von Verwesung befallen. Er wird dieser Strafe ledig in dem Augenblick, da er sich der sie evozierenden Sünde entledigt: als er – sich selbst überwindend – verzichtet, sich für das Opfer opfert, alle Ichbefangenheit und Selbstsucht, alle Eigenliebe und Wehleidigkeit abstreift. Das kommt nicht plötzlich über ihn, vielmehr geht der Prozeß, wie man richtig gesehen hat, stufenweise vor sich. Zuerst ist da die Mildtätigkeit, das Verschenken des Guts an die Armen und Klöster (v. 246–258); dann die klare Einsicht in das Wesen des eigenen Fehls, der weltverliebten Ichsucht (v. 383–416); schließlich die den Kerker der körperlich-zeitlichen Existenz überwindende Hingabe an Gott und seinen Rat, die das verhängte Schicksal klaglos zu tragen bereit ist – und in solcher Bereitschaft dieses Schicksal besteht, indem sie es aufhebt: der Lahme geht, der Blinde sieht, Lazarus atmet, Herr Heinrich ist gesund und schön wie einst (v. 1225, 1233–1256, 1276, 1352).

Dreigliedrig wie der Prozeß der Läuterung ist die ganze Erzählung komponiert: der erste Teil gilt dem weltlichen *herren Heinrich*, der zweite dem *armen Heinrich*, der dritte dem *guoten herren Heinrich* (v. 1372)*.

---

* Versuche, den ›Armen Heinrich‹ kompositorisch zu gliedern, finden sich bei JEAN FOURQUET: Zum Aufbau des Armen Heinrich. In: WW 11, 3. Sonderheft, 1961, S. 12–24; bei THEODOR VERWEYEN, Der Arme Heinrich Hartmanns von Aue. Studien und Interpretation. 1970 (s. S. 105) und bei HANS-JÜRGEN LINKE, Epische Strukturen in der Dichtung Hartmanns von Aue. Untersuchungen zur Formkritik, Werkstruktur, Vortragsgliederung. 1968 (s. S. 33 f.).

Insgesamt gibt die Geschichte von Glanz, Leid und Erhebung Heinrichs keine Rätsel auf – und dennoch bleibt, wie immer bei Hartmann – dem verstandesklarsten der mittelhochdeutschen Epiker – manches ungeklärt und ungelöst. Vor allem um die Person des Mädchens. Anfänglich ist sie das liebe spielende Kind. Dann aber ergreift der Geist ekstatischen Märtyrerwillens Besitz von ihr, Fackel die sich selbst verbrennt, Krankheit zum Tode. Dem modernen Hörer entfaltet sich aus ihren Reden das Bild des Eiferers, des Fanatikers, sie ist ergriffen von religiös-mythischem Wahnsinn, der alle Beziehungen zur umgebenden Wirklichkeit gekappt hat. Vom Gesichtspunkt der Psychopathologie her gesehen ist sie gewiß eine Hysterica – Gregorius vergleichbar in der Radikalität des Leidenswillens, ihm entscheidend fremd dadurch, daß Gregorius zu dieser Haltung durch seine Sünde gezwungen wurde, wohingegen dieses Kind von einer Sünde nichts weiß. Hartmann hat offenbar diese Gestalt nicht nur funktional, nicht nur als das die Heilung des Helden auslösende Instrument gesehen, sondern sie als dessen Gegenbild gezeichnet, das sie als nicht minder besessen erweist denn Heinrich – in der radikal entgegengesetzten Position: Ist er besessen von Ich-Liebe, so sie von dem Drang zur Ich-Entäußerung; er von Weltlust, so sie von Jenseitslust; er von Selbstsucht, so sie von Selbstaufgabe; er von Wehleidigkeit, so sie von lachendem Todesmut. Das mag Bewunderung abnötigen, aber es ist nicht die Haltung von Märtyrerinnen und Heroinen. Das Mädchen macht sich des gleichen Fehls schuldig wie die männlichen Helden Hartmanns: der Inkongruenz, da mit dem Sein gestellte Aufgabe und faktisches Tun sich nicht decken. Zu solcher Deutung ermutigen u. a. die merkwürdigen Verse 1360 ff., in denen es heißt, daß Gott sie beide (!) in seiner Weisheit versucht habe wie einst Hiob, und sie nun beide (!) von *allem ir leide* erlöste. Auch das Mädchen also war von „Leid" geschlagen – gewiß nicht nur insofern, als ihr der Opfertod verwehrt wurde, denn solches Leid würde ja nicht aufgehoben durch die Heilung dessen, durch den sie sterben will. Ihr Leid ist vielmehr längst absolut geworden, ist der fanatische Drang, dieses Leben um des ewigen willen so bald als möglich zu verlassen: das formuliert deutlich und nicht nur die Eltern entsetzend die vierte große Rede des Kindes, fast 200 Verse

(v. 663–854) einer eifernden Predigt, die in jeder Phrase vibriert vom sacro egoismo der Besessenen, der sich berufen Wähnenden, die sich in der Hybris ihres Erwählungsglaubens weit über die andern entrückt fühlt (v. 830 ff.) – und die auch den frommen Anlaß ihres Entschlusses längst hinter sich gelassen hat. Nicht nur die Hingabe an das Diesseits, auch seine totale Verwerfung kann Vermessenheit, kann Maßlosigkeit sein; auch in der unbeirrbaren Überzeugung, für das Jenseits prädestiniert, dem Diesseits nicht zubestimmt zu sein, kann Überheblichkeit, *superbia* liegen; man kann auch aus Selbstsucht opfern, aus Ichliebe ein Märtyrerschicksal ersehnen. Hartmann aber will lehren, daß es in der Welt zu bestehen gilt – freilich unter der Gnade Gottes, seinem Ratschluß gebeugt.

So ist der Akt doppelter Opferung (das Mädchen opfert sich für den Herrn, er opfert sich – indem er die Annahme des Opfers verweigert – für sie) auch ein Akt doppelter Reinigung, der beide heilt von ihrer Krankheit, der beide nun recht in das Leben stellt, das beide verfehlt hatten, die sie beide die extremen Möglichkeiten solchen Verfehlens lebten: gänzliche Verweltlichung und gänzliche Entweltlichung. Solchermaßen waren sie nur die beiden Äußerungsformen eines Defekts, in ihrer Krankheit aufeinander bezogen, nach ihrer Heilung einander frei gehörig.

Der ›Arme Heinrich‹ ist ein Bekenntnis Hartmanns zur Welt. Nicht eines freilich zu einer sich in der Diesseitigkeit erfüllenden Welt – im Gegenteil: in keinem seiner Epen wird deutlicher als hier, was wir seine 'gegenhöfische Wendung' nannten. Zwar ist Hartmann nun dem Radikalismus der ›Gregorius‹-Lösung entwachsen, die eine Rückkehr in das tätige Leben versagte – aber seine Verurteilung einer Lebensform, die sich in der unproblematischen Heiterkeit des Artusreiches spiegelt, ist nur noch unerbittlicher geworden. Denn anders als im ›Erek‹, im ›Iwein‹ und im ›Gregorius‹ versagt hier nicht einer in der höfischen Welt, sondern in ihm versagt die höfische Welt! Die sich in Heinrich als in ihrer höchsten Möglichkeit repräsentierte. Eine Welt der unreflektierten Diesseitsfreude, Diesseitshingabe, eine Welt von Menschen, die nur in *vröuden sweben* wollen, wie Gottfried es nennt, der dieser Zeit bald den Abgesang singen wird.

Während Gregorius emigrieren muß aus dem Reich weltlichen

Lebens; während Erek in Enite, Iwein in Laudine Bestätigung
und Insiegel ihrer altangestammten neu vermachten ritterlich-
höfischen Aufgabe finden, findet Heinrich in ein Leben weltlicher
Bewährung außerhalb höfischer Begrenzung: dies mag die Aussage der 'standesmindernden' Heirat des hohen Herrn sein.

Literatur:

Editionen: ihre Zahl von MYLLER (1784) bis zu NEUMANN (1959) ist
so groß, daß sie hier nicht annähernd alle genannt werden können
(und sie sind ihrerseits ein Beitrag zur Wirkungs- und Geschmacks-
geschichte). Erwähnt seien die Ausgaben der Brüder GRIMM (1815,
mit schlichter, an den Märchenstil gemahnender Prosa-Überset-
zung), KARL LACHMANN (1829), MORIZ HAUPT (1842, 2. Aufl.
bes. von ERNST MARTIN 1881), FEDOR BECH (1867 im 2. Bd seiner
Gesamtausgabe, ⁴Neudruck 1934), KARL MÜLLENHOFF (1878),
FRIEDRICH RANKE (1943, mit der Übersetzung der Brüder
GRIMM), FRIEDRICH MAURER (1958 als Bd 18 der ›Sammlung
Göschen‹, mit einer Auswahl aus der ›Klage‹, dem ›Gregorius‹ und
den Liedern), FRIEDRICH NEUMANN (1959 als Nr 456 von Re-
clams Univ.-Bibl., mit der Übersetzung der Brüder GRIMM), HEL-
MUT DE BOOR (1963 als Nr 84 der Exempla classica).
Von besonderem Gewicht: WILH. WACKERNAGEL, 1855; 2. Aufl.,
bes. von WILH. TOISCHER, 1885; neu hrsg. 1911 durch ERNST
STADLER (wertvoll durch die reiche Abhandlung und die gründ-
lichen Anmerkungen). – Die kritische Ausgabe: 1913 durch ERICH
GIERACH, 2. (verbess.) Aufl. 1925: eine der vorbildlichen Editionen alter deutscher Literatur (Paralleldruck des gesamten handschriftlichen Materials und der kritischen Fassung). – 1882 durch
HERMANN PAUL (Altdt. Textbibl. 3), folgt seit der 7. Aufl. 1930,
die ALBERT LEITZMANN bearbeitete, im wesentlichen GIERACH;
¹⁴1972 neu bearb. Aufl. bes. v. LUDWIG WOLFF: berücksichtigt
das Benediktbeurener-Bruchstück, enthält Verzeichnis der Abweichungen von Gierachs Text und ist die am weitesten verbreitete Ausgabe, mit instruktiver Einleitung. – Hartmann von Aue,
Der arme Heinrich. Materialien und Abbildungen zur gesamten
handschriftl. Überlieferung. Hg. v. ULRICH MÜLLER. (= Litterae
Heft 3) (enthält: Hs A [Erstdruck, Myller], Hs Ba [Abbildung],
Hs Bb [Ausschnitt aus dem Erstdruck; Variantenliste], Zu den
Hss-Fragmenten C, D u. E jeweils Transkription [u. Abb.]); dazu:
HANS BLOSEN, Germanistik 13, 1972, S. 93. – 1967: ERNST
SCHWARZ, (s. o. S. 90). – Der arme Heinrich, hg. v. CORNELIUS
SOMMER, 1973. Fassung der Hs Bb – Abbildungen aus dem

Kaloczaer Kodex. (= Litterae H. 30) [Ergänzung zu Heft 3]. –
KONRAD ZWIERZINA: Die Kalocsaer Handschrift. In: Festschrift
Jellinek 1928, S. 209–232.

KLAUS HUFELAND, Quantitative Gliederung und Quellenkritik, auf-
gezeigt an Hartmanns Verserzählung ›Der arme Heinrich‹. In:
WW 17, 1967, S. 246–263.

Übersetzungen: zahlreich, zuletzt ²1967 HELMUT DE BOOR; und ULRICH
PRETZEL in: Deutsche Erzählungen des Mittelalters, 1971, S. 1–23.

In den Literaturgeschichten: VOGT S. 246–251; EHRISMANN S. 196–205;
SCHNEIDER S. 289–291; SCHWIETERING S. 157–158; DE BOOR II
S. 77–80; KARL BERTAU, Bd I, S. 707–712.

HERMANN TARDEL, Der Arme Heinrich in der neueren Dichtung.
1905.

JOSEF KLAPPER edierte die lateinischen Exempla in: Erzählungen des
Mittelalters. 1914, Nr 6, S. 233 ff.

CARL VON KRAUS, Drei Märlein in der Parzivalhandschrift G und
das Exempel vom Armen Heinrich. In: Festgabe für Singer,
1930, S. 1–19.

SPARNAAY Bd II, S. 1–16.

Ders., Die Einstellung des ›Armen Heinrich‹ in das Werk Hartmanns
von Aue. In: Zur Sprache und Literatur des Mittelalters 1961,
S. 95–114.

H. BERNHARD WILLSON, Symbol and Reality in Der Arme Heinrich.
In: Mod. Lang. Revue 53, 1938, S. 526–536.

MARGARET FITZGERALD RICHEY, Die edeln Armen. A study of
Hartmann von Aue. In: London Mediaeval Studies I, 1937/39,
S. 265–278.

ARNO SCHIROKAUER, Zur Interpretation des ›Armen Heinrich‹. In:
ZfdA 83, 1951, S. 59–78.

Ders., Die Legende vom Armen Heinrich. In: Monatshefte (Wis-
consin) 43, 1951, S. 279–284, wiederabgedruckt in: GRM 33,
1951/52, S. 262–268; und in: A. Sch., Germanistische Studien,
1957, S. 300–309.

WERNER FECHTER, Über den ›Armen Heinrich‹ Hartmanns von Aue.
In: Euph. 49, 1955, S. 1–28.

BERT NAGEL, Der Arme Heinrich Hartmanns von Aue. Eine Interpretation. 1952. – Dazu: FRIEDRICH NEUMANN, Der Arme Heinrich in Hartmanns Werk. In: ZfdPh. 75, 1956, S. 225–255; HANS
EGGERS, Euph. 48, 1954, S. 102 f.

KÔICHI FUJISHIRO, Über die fragilitas mundi in ›Der Arme Heinrich‹ Hartmanns von Aue. In: Doitsu Bungaku 26, Tokyo 1960,
S. 49–53. (Japanisch, mit dt. Zusammenfassung.)

Leslie Seiffert, The Maiden's Heart. Legend and fairy-tale in Hartmann's ›Der arme Heinrich‹. In: DVjs. 37, 1963, S. 384–405.

Theodorus Cornelius van Stockum, Eine crux philologorum: Die prognostisch-therapeutische Formel im ›Armen Heinrich‹ des Hartman von Ouwe. In: Neoph. 48, 1964, S. 146–150.

Timothy Buck, Heinrich's Metanoia: Intention and Practice in ›Der arme Heinrich‹. In: Modern Language Review 60, 1965, S. 391–394.

Ders., Hartmann's ‚reine maget'. In: German Life and Letters 18, 1965, S. 169–176.

Cormeau, s.o. S. 92.

Rolf Endres, Heinrichs 'hôchvart'. In: Euph. 61, 1967, S. 267–295.

Frank J. Tobin, The change from dualism to gradualism in the Gregorius and Der Arme Heinrich. Diss. Stanford Univ. 1968.

Ders., ›Gregorius‹ and ›Der arme Heinrich‹. 1973.

Walter Röll, Zu den Benediktbeurer Bruchstücken des Armen Heinrich und zu seiner indirekten Überlieferung. In: ZfdA 99, 1970, S. 187–199.

Ludwig Wolff, Das Benediktbeurer Fragment des Armen Heinrich. In: ZfdA 99, 1970. S. 178–186.

Theodor Verweyen, Der Arme Heinrich Hartmanns von Aue. Studien und Interpretation. 1970 (stellenweise interessant, aber schwer lesbar, da terminologisch überfrachtet).

Hans Seigfried, Der Schuldbegriff im »Gregorius« und im »Armen Heinrich« Hartmanns von Aue. In: Euph. 65, 1971, S. 162–182 (anfechtbare Methode, anfechtbare Ergebnisse).

Kurt Ruh, Hartmanns ›Armer Heinrich‹. Erzählmodell und theologische Implikation. In: Mediaevalia litteraria, Festschrift für Helmut de Boor zum 80. Geburtstag. 1971, S. 315–330 (einer der erhellendsten Aufsätze zum ›Armen Heinrich‹).

John E. Crean Jr., Rhetoric and religion in ›Der arme Heinrich‹. In: Sprachkunst 2, 1971, S. 59–80.

Ronald Finch, Guilt and innocence in Hartmanns ›Der arme Heinrich‹. In: Neuph. Mitt. 73, 1972, S. 642–652.

Ernst von Reusner, Anmerkung zur Struktur und zum Sinn des ›Armen Heinrich‹. In: ZfdA 101, 1972, S. 316–321.

Hellmut Rosenfeld, Ein neu aufgefundenes Fragment von Hartmanns ›Armem Heinrich‹ aus Benediktbeuern. In: ZfdA 98, 1969, S. 40–64.

Ders., Ze hewe wart sîn grüenez gras. Zu Hartmanns ›armem Heinrich‹ E 70–5 und dem Sinn der Metapher. In: ebda. 101, 1972, S. 133–142.

Werner Schröder, Der 'Arme Heinrich‹ Hartmanns von Aue im

Lichte einer neuen Quelle. In: Festschr. KARL BISCHOFF S. 308–324.

ANN SNOW, Heinrich and Mark, two medieval voyeurs. In: Euph. 66, 1972, S. 113–127.

MAKIO SATO, Weltflucht und Weltlichkeit im ›Armen Heinrich‹. In: Doitsu Bungaku. H. 49, 1972, S. 51–60.

KARL HEINZ GLUTSCH, Die Gestalt Hiobs in der deutschen Literatur des Mittelalters. Phil. Diss. Karlsruhe 1972.

JUDITH ANN HUNTER, 'sam Jôben den rîchen': Hartmanns ›Der arme Heinrich‹ and the book of Job. In: Mod. Lang. Rev. 68, 1973, S. 358–366.

GUNTER DATZ, Die Gestalt Hiobs in der kirchlichen Exegese und dem ›Armen Heinrich‹ Hartmanns von Aue. 1973. (= Göppinger Arbeiten zur Germanistik 108).

PETER WAPNEWSKI, Poor Henry- Poor Job, Beiträge des Mediävistischen Symposions (Ann Arbor 1973), hg. von HARALD SCHOLLER, 1976.

H. BERNARD WILLSON, A 'new order' in Hartmanns ›Gregorius‹ and ›Der arme Heinrich‹. In: Nottingham Med. Studies 18, 1974, S. 3–16.

WILLIAM C. McDONALD, Die Deutung von Hartmanns Wendung 'swaere stunde senfter machen': Befreiung von 'Betrübnis' oder 'Langeweile'? In: Stud. Neoph. 46, 1974, S. 281–294.

HUGO MOSER, Hartmanns 'Armer Heinrich' – Eine Mirakelerzählung. In: Gedenkschrift für JOST TRIER (hg. v. HARTMUT BECKERS u. HANS SCHWARZ). 1975, S. 321–329.

X. Nachwort

Zur Forschungsgeschichte, zum Forschungsstand

und zu diesem Bande

Die Geschichte der Hartmannforschung ist ihrem Gegen-
stande gemäß: es mangelt ihr an Caesuren und Brüchen, sie
verläuft im Gleichmaß eines sie unvermindert freundlich bewegenden Interesses. Ihr Beginn deckt sich mit dem Beginn
einer deutschsprachigen Texten des Mittelalters gewidmeten
Editionskunst (1. Ausgabe des ›Iwein‹ durch Lachmann und
Benecke 1827), und die bedeutenden Leistungen der Germanistik, die sich mit diesem Dichter verknüpfen und die sich
repräsentieren in den Namen Jacob und Wilhelm Grimm,
Lachmann, Benecke, Haupt, Bech, Paul, Saran, Henrici,
Schönbach, Zwierzina, Kraus, Sparnaay – diese Leistungen,
die der Gegenwart neue Aufgaben stellen, werden schwerlich
durch andere Gefühle bestimmt worden sein als die Benecke
bewegenden: „seine erzählenden gedichte, und noch mehr
seine lieder zeigen den gebildeten, liebenswürdigen, biedern
mann, dessen freundschaft von mitlebenden gewis umso eifri-
ger gesucht wurde, je mehr sie selbst edel und bieder waren.
die zeitgenossen verschwiegen, was jeder wußte: umso mehr
ist die nachwelt verpflichtet eine schuld abzutragen, die nie
verjährt und nie verjähren darf" (zitiert in Lachmanns Vorrede
zur 2. Ausgabe des ›Iwein‹, 1843, S. IV).

Wolfram und Gottfried und Walther, problematischere Na-
turen, haben ein wechselvolleres Schicksal gehabt und sind
von den Generationen unterschiedlich apperzipiert, geliebt
oder abgelehnt worden. Doch hat das gleichbleibende Wohl-
wollen freundschaftlichen Interesses die Erkenntnis des Dichters Hartmann und seines Werkes nicht in solchem Maße ge-
fördert, wie man erwarten mag. Dies wird zu gutem Teil an
dem Zustand der Überlieferung wie an dem Mangel der Quellen über den Autor liegen. So hat dieses Bändchen, da nur

Weniges als gesichert gelten darf, seine eigentliche Aufgabe: vom Gesicherten Zeugnis abzulegen, nur unvollkommen erfüllt. Es mußte häufiger, als dem Autor recht war, Hypothesen erwägen und Möglichkeiten erörtern, durfte sich gelegentlich auch nicht scheuen, eigenen Gedankengängen Raum zu geben, wo die anderer noch viel Platz gelassen hatten. Der Verfasser hofft dennoch, das gebotene Maß nicht ungebührlich überschritten und einem der Mitte und der nüchternen Ordnung und Ausgewogenheit verpflichteten Dichter nicht unangemessen begegnet zu sein. Daß mancher manches vermißt, anderes als zu eingehend behandelt empfinden wird, lag zu ändern nicht in der Macht des Autors. Was zu seinen Lasten fällt, soll hier nicht entschuldigt werden. Anderseits nötigte die durch den Charakter der Reihe gebotene Begrenzung zu manchem Verzicht, der indes durch Andere ausgeglichen werden wird: der Minnesänger Hartmann mußte behandelt werden ohne eine Erörterung der Geschichte und der Natur des Minnesangs; der Artusdichter Hartmann ohne eine Darstellung des Artusstoffs und seiner Genese; der Nachfolger und Übersetzer Chrestiens ohne eine Charakterisierung seines großen Vorbildes – in all diesen und anderen Fällen werden andere Bände dieser Sammlung die Ergänzung liefern.

Wenn diese Darlegungen erneut bewußt gemacht haben, wie viel in Person und Werk Hartmanns noch der Aufklärung harrt: von der Herkunft angefangen über Sprache, 'inneren' und 'äußeren' Stil, Chronologie seines Lebens und Schaffens, Reihenfolge der Werke, bis hin zu den noch nicht aufgedeckten Schichten seiner Epen, die der Mediävistik nicht anders als die anderen großen Gedichte dieser Zeit noch manches Rätsel zu lösen aufgeben – wenn diese Seiten die Fülle der Aufgaben erneut bewußt gemacht haben, die mit dem Thema gestellt sind, haben sie einen Zweck erfüllt.

Wer sich um einen Gegenstand bemüht, hat zu bestehen vor seinen Vorgängern. Die Unzulänglichkeit freilich des eigenen Tuns und seiner Ergebnisse wird kaum je so deutlich wie in unserem Falle, da an dem Beginn solcher Tradition der Begründer der mittelhochdeutschen Textkritik steht und sein großartiges, durch die Arbeit an Hartmann entbundenes Wort: Zum wahren und unschuldigen, d. h. philologischen Verständnis der mittelhochdeutschen Poesie „ist freilich niemand zu führen, der nicht besondere anlagen und mancherlei kenntnisse mit bringt, vor allem aber unbefangenheit und den guten willen sich zeit zu nehmen und die poesie auf sich nach des dichters absicht unterhaltend oder bewegend einwürken zu lassen: denn auch die gewaltigste fesselt nur den empfänglichen, und sein urtheil befreit nur wer sich willig ergeben hat. wiewohl ein urtheil, ein unumstößliches kunsturtheil, maßt die philologie sich nicht an, weil sie auf dem historischen boden bleibt: aber die ganze dichterische und menschliche gestalt des dichters mit seiner gesamten umgebung sich in allen zügen genau vorzustellen ist die vollendung des wahren verstehens, ist das ziel der philologischen auffassung".

a) der im Text genannten
›Werktitel‹, Dichter und WISSENSCHAFTLER

b) der in den Literaturangaben genannten Wissenschaftler